AUFGEDECKT!

Erwin Steinhauer · Fritz Schindlecker

AUFGEDECKT!

Kulinarischen Geheimnissen
auf der Spur

ueberreuter

1. Auflage 2019
© Carl Ueberreuter Verlag, Wien 2019
ISBN 978-3-8000-7732-8
Alle Rechte vorbehalten. Das Werk darf – auch teilweise –
nur mit Genehmigung des Verlages wiedergegeben werden.
Covergestaltung: Saskia Beck, s-stern.com
Coverzeichnung: Gerhard Haderer
Lektorat: Marina Hofinger
Satz: Hannes Strobl, Satz·Grafik·Design, Neunkirchen
Druck und Bindung: Finidr s. r. o.
www.ueberreuter-sachbuch.at

Inhalt

GESCHICHTEN

Vorwort   8

Aktuelle kulinarische Trends 12
   Grillen im Schnitzelland 15
   Vegetarier aller Länder, vereinigt euch! 32
   Molekularküche 43
   Schluss mit dem Bio-Blödsinn 51
   From Nose to Tail – von vorn bis hinten 60

Nach Promis benannte Genüsse 66
   Die Filets der Gegner des Monsieur Bonaparte 67
   Bella Venezia oder: Bar jeder Innovation 73
   Die Küchenkompositionen des Opern-Tycoons 79
   Die Suppe der Lady 83
   Bismarck ist kein Russe 92
   Die Lehrbuben-Torte 97

Mystisches und Historisches 105
   Das Linsengericht 108
   Das verwilderte Zicklein 112
   Ein Festschmaus für den Flohbeutel 116
   Butterbrot und Tafelspitz 124
   Original oder Fälschung? 139

Multi-Kulti-Imbissstand 156
   Droht die Dönerisierung des Abendlandes? 160
   Ein Fleischlaberl aus God's Own Country 167
   Am End geht's immer um die Wurscht! 172

Statt eines Nachworts: Briefe unserer Leserinnen
und Leser 187

GEDICHTE

Sonett auf den gedünsteten Wadschunken 11
Von die Japana und von die Kagrana 26
Das Pilzgericht 42
Kerngesund 82
Frühlingserwachen 104
Gegen die Dunkelheit 115
Mackies Messer 137
Schweindi ohne Beindi im Reindi 155
Gansheitliches 186

REZEPTE

Rumpsteak „Sous-vide" 14
Kleine Rindersteak-Kunde 27
Guacamole 29
Tsatsiki 29
Cocktailsauce '57th Chevy 30
Peperonata 30
Paradeisersalat 31
Vegane Kürbissuppe 40
Veganes Erdäpfelgulasch 41
Melonencocktail mit Vanille-Eis 41
Spargel-Espuma 47
Gebratener Lachs 48
Wasabi-Espuma 48
Thunfischtartar mit roten Linsen 49
Essiggurken-Espuma 49
Rindfleischsalat 50
Fischstäbchen „Fluch der Karibik 2". 58
Gedünstete Schweinsbackerln 61
Linsen mit Speck 62
Semmelknödel 63
Lammhals knusprig gebraten 63
Kalbsnieren in Chardonnay 64

Ochsenschlepp in Rotwein 65
Filet Wellington (Old-School-Style) 71
Carpaccio (Old-School-Style) 78
Risotto alla Rossini 81
Falsche Schildkrötensuppe 90
Bismarckheringssalat 96
Sachertorte nach Carla Sacher 103
Morgenländische Linsensuppe 111
Ziegenkitzbraten Waidmannsart 114
Gebratene Kalbsstelzen 123
Grießnockerlsuppe 133
Gekochtes Schulterscherzel 133
Erdäpfelschmarren 134
Semmelkren 135
Rahmkohlrabi 135
Terlaner Weinsuppe 146
Wiener Saftgulasch 147
Suppe nach Kärntner Art 148
Gebackener Waldviertler Karpfen 149
Erdäpfelsalat 150
Besoffener Kapuziner aus Oberösterreich 150
Salzburger Bosna 152
Montafoner Käsesuppe 152
Steirisches Wurzelfleisch 153
Burgenländisches Wein-Chaudeau mit Schneenockerln .. 154
Croque Monsieur 159
Kefta im Pitabrot 166
Wiener Kalbsbutterschnitzel 171
Blutwurst mit Sauerkraut und Erdäpfelschmarren 185

VORWORT

Liebe hochgebildete Leserin, lieber charmanter Leser!

Wir sagen es offen, klar und unumwunden: Da sind wir wieder! Erinnern Sie sich noch? Vor nicht allzu langer Zeit legten wir als zertifizierte Psycho-Austrologen das Werk „Wir sind super!" vor; Untertitel: „Die österreichische Psycherl-Analyse". Es erlebte letztjährig eine fulminant aufgenommene Neuauflage unter dem originellen Titel „Wir sind super 2".

Mit „Fröhliche Wei(h)nachterl – eine schöne Bescherung" haben wir mit Freud und Freude die Seelenanalyse unserer christlich-sozialdemokratisch-deutschnational geprägten „Volksfamilie" erfolgreich fortgesetzt. Ihre Aufmerksamkeit und Ihre begeisterten Reaktionen waren uns willkommener Lohn für die entbehrungsreichen Recherchen in den dunkelsten Gängen des Internets.

Aber irgendwann packt nach Jahren der Askese jeden noch so forschungszielorientierten Seelenanalytiker der Hunger. Die logische Folge war, dass wir beide miteinander essen gingen. Der eine aß Leberknödelsuppe und Beuschel mit Knödel, der andere zuerst gefüllte Röllchen vom Alpenlachs und danach einen kaltgedämpften Wels mit Selleriepüree und Wasabi-Espuma.

Bei diesem Abendessen überfiel uns eine Idee.

Jahrelang hatten wir uns um die österreichische Seele gekümmert – nun forderte das Leibliche sein Recht.

„Essen und Trinken hält Leib und Seel z'amm!" So sagt man bei uns daham. Und was sagt dazu der Islam? Wir wissen es nicht. Es ist uns aber auch ziemlich egal.

Liebe geistreiche Leserin, lieber bezaubernder Leser! Ohne jeden Zweifel haben auch Sie sich schon oft gefragt, was die Molekularküche ist, was der ISI-Schlagobers-Apparat von der Mama damit zu tun hat und warum man Fleischtiger vor dem schrecklichen „Veggie-Burger" durch Verordnungen schützen muss.

Sicher interessiert Sie auch, warum Carpaccio, Bosna und Chateaubriand so heißen, wie sie heißen.

Eines dieser Rätsel lösen wir gleich.

Die „Kardinalschnitte" heißt so, weil sie 1967 anlässlich der Priesterweihe des nicaraguanischen linkskatholischen Priesters und Dichters Ernesto Cardenal entwickelt wurde. Und zwar von dem aus Wels stammenden Zuckerbäcker und trotzkistischen Ex-Ministranten Wendelin Möst.

Nein. Das ist natürlich kompletter Unsinn.

Die Kardinalschnitte ist eine Kreation der k.u.k. Hofzuckerbäckerei L. Heiner zu Wien. Anlass dafür war der Katholikentag 1933, der keinerlei linkskatholische Tendenzen zuließ.

Darüber hinaus werden Sie Antworten auf eine Fülle weiterer brennender Fragen finden. Einige davon seien vorweggenommen:

- Warum versäumte Thronfolger Franz Ferdinand wegen eines Butterbrotes seinen Tafelspitz?
- Für welche Linsensuppe lohnt es sich, das Recht des Erstgeborenen aufzugeben, so wie dies der biblische Jakob tat?
- Was hat Franz Kafka mit einer Bratwurst zu tun?
- Und warum hat der Laie beim Rind immer so große Probleme, das „Hintere Ausgelöste" zu finden?

Auch hier nehmen wir die hintergründige Antwort schon im Vorwort vorweg: Das „Hintere Ausgelöste" findet sich im „Vorderviertel" des Rindes. Wer sich im „Hinterviertel" allerdings auf die Suche nach dem „Vorderen Ausgelösten" macht, wird feststellen müssen, dass es ein solches nicht gibt.

Sie merken es schon – wir haben uns für dieses Buch ein wenig verändert: von Austrologie-Experten in Gastrologie-Detektive. Und als solche wandeln wir auf den Spuren des großen Sherlock Holmes und seines treuen Assistenten Dr. Watson. Immer unserem Wahlspruch folgend:

„Kein Küchengeheimnis ist so gut versteckt, dass wir es nicht aufspüren und gegebenenfalls auch verspeisen könnten!" Natürlich nur, wenn's schmeckt.

Insgesamt hoffen wir, ein informatives und gelegentlich auch zum Schmunzeln anregendes Buch geschrieben zu haben. Allerdings müssen wir darauf hinweisen, dass unser ursprünglicher Plan, uns neben dem Essen auch noch mit dem Trinken zu beschäftigen, gescheitert ist. Eine Erforschung der Vielfalt potenzieller Essensbegleiter von Almdudler bis Châteauneuf-du-Pape hätte den Rahmen dieses Buches gesprengt und unser sensibles Verdauungssystem wohl über Gebühr belastet. Wir ziehen allerdings in Erwägung, ein diesbezügliches Nachfolgewerk zu verfassen, worin wir uns mit Weinen, Bieren und Kracherln auseinanderzusetzen gedenken.

Im vorliegenden Buch bieten wir aber zwei unangekündigte Extra-Bonusse an – übrigens keine „Boni", da es kein lateinisches Substantiv „bonus" gibt, von dem eine Mehrzahl abgeleitet werden könnte. Und somit „Boni" nur eine pseudolateinische Konstruktion aufgeblasener Journalisten ist, um eine nicht vorhandene humanistische Bildung vorzugaukeln.

Unsere Bonusse für Sie, liebe hochgebildete Leserin, und auch für Sie, lieber charmanter Leser, sind:

a) neun Gedichte, die, im Stile großer Vorbilder geschrieben, Ihre lyrische Saite zum Erklingen bringen sollen, und

b) 49 Rezepte, die engagierte Kochlaien, so wie wir beide das sind, zum Nachkochen einladen wollen.

Und so wünschen wir Ihnen am Schluss des Anfangs viel Spaß beim Lesen und gutes Gelingen beim Nachkochen.

Sonett auf den gedünsteten Wadschunken

Oft hörte man den Dichtermund lobpreisen
die Hummer, Austern, Lachs und Loup de Mer.
Der Karl May mag Bärentatzen sehr.
Für Hemingway sind Steaks die Götterspeisen.

Auch wir sind Freunde edelster Gerichte
wie Coq au Vin, Sashimi, Schnepfendreck,
Carpaccio, Trüffeln, Mangalitza-Speck –
doch schrieben wir darüber nie Gedichte.

Nur dich, o Gulasch, wollen wir besingen!
Du Wadschunken, vom Zwiebelsaft umspült!
Dein paprizierter Hymnus muss erklingen:

Selbst jene, die im Herzen unterkühlt,
kann deine Schärfe schnell zum Singen bringen.
Man fühlt sich gut, wenn man sich feurig fühlt!

Wir freuen uns, dass wir das „Sonett auf das Sankt Pöltener Land" von einer unserer Heimat großen Töchter, Paula von Preradović (1887–1951), entdeckt haben.

Es hat uns in zweierlei Hinsicht Mut gemacht: Zum einen, indem es uns zu dem Wagnis motivierte, uns auch in dieser doch recht komplexen, strengen Form zu versuchen. Zum anderen gelangten wir dadurch zur Erkenntnis, dass man getrost auf so etwas scheinbar Banales wie das Gulasch ein Sonett schreiben kann, wenn ein solches sogar dem landschaftlich nicht rasend betörenden Umland Sankt Pöltens gewidmet wurde.

AKTUELLE KULINARISCHE TRENDS

Genieße mäßig Füll und Segen,
Vernunft sei überall zugegen,
wo Leben sich des Lebens freut.
Dann ist Vergangenheit beständig,
das Künftige voraus lebendig,
der Augenblick ist Ewigkeit.

Johann Wolfgang von GOETHE
Deutscher Dichter
1749–1832

Eigentlich ist das beruhigend.

Es gibt heutzutage keine eindeutige und damit allgemein verbindliche Speisenideologie. Um Gottes willen! Mangelt es uns womöglich an einer abendländischen Ess-Leitkultur? Im Bekleidungsbereich gibt es eine solche ja schon seit geraumer Zeit. Denken wir nur an das allgemein bekannte Vermummungsverbot. Dessen Einführung wird bis heute immer wieder mit der bei uns herrschenden christlichen Leitkultur argumentiert, was uns beiden – Erwin und Fritz – befremdlich erscheint.

Denn als wir zwei Halbwüchsige waren und noch mit „Erschi" und „Fritzi" angesprochen wurden, da gab es absolut kein Vermummungsverbot. Aber es gab ein streng sanktioniertes Entblößungsverbot! Sogar noch Anfang der 1970er-Jahre mussten Damen, die im Absdorfer oder Stockerauer Freibad oben ohne angetroffen wurden, damit rechnen, von einem mit Amtskappel teilvermummten Aufsichtsorgan ein Strafmandat zu erhalten. Heute hingegen ist es so, dass Kopftuchträgerinnen im Burkini dort von einem undercover agierenden, schnürltangatragenden, ältlichen Polizisten angehalten werden, um einen Straf-Obolus für ihre Verhüllung zu entrichten.

Beide Verbote, sowohl jenes die Entblößung als auch das die Vermummung betreffende, wurden und werden mit den unerschütterlichen Grundsätzen unserer „Leitkultur" gerechtfertigt.

Wie schon oben festgestellt: Gottlob gibt es beim Essen keine allgemein verbindlichen Leitkultur-Vorgaben. Deshalb kann sich auch der Zeitgeist nicht in *einer*, sondern in höchst *unterschiedlichen* Modeströmungen äußern.

Wahrscheinlich gab es in Europa noch nie so viele Veganer und Vegetarierinnen, noch nie so viele Steak-Fanatiker und Grill-Freaks, noch nie so viele Bio-Puristen, noch nie so viele Chemie-Food-Junkies und noch nie so viele Hausmannskost-Nostalgiker wie heute.

Diese Liste von Anhängern unterschiedlicher Ernährungs-, Selbstkasteiungs- und Genussstrategien könnte man beliebig weiter fortsetzen.

Einen Teil davon, die quantitativ wichtigsten Trends, wie wir glauben, wollen wir im ersten Kapitel dieses Buches behandeln. ALLE können wir natürlich nicht besprechen — sonst würde uns die Luft ausgehen.

„Luft ausgehen" ist ein schönes Stichwort. Denn wenn die Luft weg ist, entsteht ein Vakuum. Und damit sind wir schon bei einer seit Längerem bekannten, aber erst in jüngerer Zeit weite Kreise ziehenden Zubereitungsform für Fisch, Fleisch und Gemüse – der sogenannten „Sous-vide"-Methode. Sie ist eine Variante der Niedertemperatur-Garung.

„Sous-vide" heißt übersetzt „unter Vakuum".

Wie das funktioniert, wollen wir kurz, prägnant und an einem einfachen Beispiel demonstrieren: an einem Rumpsteak.

Die Gemüsefraktion möge uns dies verzeihen – und keine Sorge! Auch Karotten, Zucchini, Karfiol etc. lassen sich auf ähnliche Art garen. Im Internet finden sich produktorientierte Temperatur- und Garungsdauer-Listen in Hülle und Fülle.

Was brauchen wir für die Sous-vide-Garung? Zuerst einmal einen „Vakuumierer". Mit einem solchen Gerät wird das Garungsgut in eine hitzebeständige Folie eingeschweißt, wobei dabei gleichzeitig die gesamte Luft abgesaugt wird. Das zweite benötigte technische Gerät ist ein „Sous-vide-Garer". Er wird mit Wasser gefüllt, dessen Temperatur man präzise einstellen kann. Wer sich für die ersten Kochversuche diese teure Anschaffung ersparen will, der kann sich mit einer ungewöhnlichen, aber durchaus erfolgversprechenden Alternativlösung behelfen. Als Sherlock Holmes und Dr. Watson auf dem Gebiet des Kochens und der Küchengerätebeschaffung haben wir herausgefunden, dass Sous-vide-Garung auch im Geschirrspüler möglich ist.

Die für unser Fleisch von der Crème de la Crème der internationalen Kochgötter empfohlenen 56° sind damit zwar nicht einzustellen. Mit dem 65°-Programm, das der Geschirrspüler anbietet, lassen sich unserer Erfahrung nach aber ähnlich gute Erfolge erzielen.

Nun aber zu unserem ersten Rezept.

Rumpsteak „Sous-vide"

Zutaten:
4 Beiriedschnitten zu je circa 180 g
4 Rosmarinzweige
Olivenöl extra vergine
Erdnussöl
Salz
Pfeffer

Die Beiriedschnitten mit dem Olivenöl beidseitig einreiben und jede einzeln, mit einem Rosmarinzweig belegt, vakuumieren, also in Folie einschweißen.
Den Sous-vide-Garer auf 56° einstellen. Sobald er diese Temperatur erreicht hat, die Steaks hineinlegen und circa 35 Minuten garen. Mit dem 65°-Programm im Geschirrspüler sollten 25 Minuten reichen – zehn Minuten mehr würden aber vermutlich auch keine Tragödie auslösen.
Dann das Fleisch aus der Folie nehmen und die Rosmarinnadeln entfernen. Jedes Steak sorgfältig trockentupfen, dann mit hochhitzebeständigem Erdnussöl einreiben und in einer sehr heißen Pfanne oder auf dem Holzkohlengrill noch etwa eineinhalb Minuten auf jeder Seite grillen.
Rumpsteaks vom Feuer nehmen, salzen, pfeffern und servieren.

Grillen im Schnitzelland

*The best way to get husbands to barbecue something is to suggest,
that perhaps they are too old to do it.*

*Die beste Möglichkeit, Ehemänner dazu zu bewegen,
etwas zu grillen, ist, ihnen anzudeuten,
dass sie möglicherweise zu alt dafür sind.*

Shirley MACLAINE
US-amerikanische Schauspielerin und
OSCAR-Preisträgerin
geb. 1934

Wir geben es zu, wir beide haben das früher auch gemacht. Natürlich unabhängig voneinander – in der beginnenden Postdoleszenz, für unsere Kinder, als sie noch klein waren. Ja, und eigentlich auch schon vorher, in unserer Jugend. Damals, bei Gartenfesten, wo wir gelegentlich illegale Berauschungsmittel ausprobierten, aber auch wirklich gefährliche wie etwa Ribiselwein aus Königstetten – damals haben wir auch gegrillt.

Aber wirkliche Meister in dieser Disziplin waren wir beide, Erwin und Fritz, nie.

Jugendsünden

Wenn man sich gedanklich um fünfzig Jahre zurückversetzt, können da schon schemenhaft erschreckende Erinnerungsbilder aus der Jugend auftauchen: kohlrabenschwarze Stöcklein, die einen strengen Duft von glühender Emmentaler-Lava und verbranntem Speck verströmen. Sie werden als gegrillte „Berner Würstel" mit kräftigen Schlucken sommerwarmem „Schwechater" Biers dem Organismus einverleibt, der sich dagegen heftig zur Wehr setzt. Dazu brüllt zur Freude aller anwesenden langhaarigen Knaben der gute Steve Marriot, der damals gerade von den „Small Faces" zu „Humble Pie" gewechselt war, sein „Stone Cold Fever" in den Äther. Steve tut das nicht lange. Die anwesende Girlie-Fraktion nimmt die Platte vom Teller.

Und wenige Sekunden später erzählt uns zum Leidwesen aller anwesenden Buben der kanadische Barde Leonard Cohen zum x-ten Mal, dass eine halb verrückte Suzanne uns zu ihrem flussnahen Unterschlupf mitnehmen will, um uns dortselbst mit chinesischen Orangen und Tee zu füttern.

Dann schon lieber halb verbrannte Berner mit „Schwechater", denkt wohl jeder einzelne der männlichen Teens leise bei sich und zündet sich zur Nervenberuhigung eine „Hobby Filter" an.

Kugelgrillen auf den Balkonen

In den späten 1980er- und frühen 1990er-Jahren kam dann der legendenumwobene Kugelgrill aus den USA auch bei uns stark in Mode. In der unteren Hälfte der Kugel kann man verschiedene Grillzonen einrichten. Dann legt man den halbkugelförmigen Deckel darauf. Dies soll die heiße Luft drinnen so zum Zirkulieren bringen, dass es eine wahre Freude ist – so oder fast so ähnlich funktioniert die Sache angeblich.

Jedenfalls: Wer eine Kochlehre oder ein Doktorstudium der Physik abgeschlossen hat – empfohlen wird beides! –, der kann innerhalb dieser kugeligen Einrichtung sogar Truthähne „außen knusprig und innen saftig" zubereiten.

Erwin und Fritz schafften das nie.

Aber dank des Holzkohlenanzünd-Kamins gelang es immerhin, ohne schwere Verbrennungen zu einem Kohlenfeuerchen zu kommen. Und den Kindern haben die Lamm- und Schweinskoteletts meist ganz gut geschmeckt, gelegentlich sogar die Forellen.

Aber von einer allgemeinen Grill-Mania konnte man damals nichts bemerken – es wurde nur so ein bisschen herumgegrillt. Junge Väter taten das gelegentlich, wie schon gesagt. Und in Schrebergärten grillte auch der eine oder andere gereifte Herr für die Nachbarn; meist Käsekrainer und dicke Schweinsbratwürste, zu denen man als Sättigungsbeilage kalten Kümmelbraten auf Schwarzbrot verzehrte. Dabei trug der Gastgeber im Regelfall über der kurzen „Eduscho"-Hose und dem ärmellosen Athleten-Leiberl eine hässliche, hellblaue, aus einem Piefke-Versandhaus stammende Schürze mit der in Gelb gehaltenen Aufschrift „Heute kocht Vati!".

Hip war Grillen damals also überhaupt nicht. Ganz im Gegenteil!

Die Gereifteren unter uns werden sich noch an einen gewichtigen Vorwurf erinnern, den man Anfang der 1990er in Wien und Umgebung den neu zugezogenen türkischen Gastarbeitern und ihren Familien machte:

„Die tun überall grillen! Sogar am eigenen Balkon!"

Die Gegenfrage, ob man es denn besser fände, wenn die Türken auf fremden Balkonen grillten, blieb im Regelfall unbeantwortet oder wurde mit der rhetorischen Frage quittiert: „Wüllst a Watschen?"

Grillen war, wie gesagt, nicht hip, aber auch nicht völlig out. Etwa bei Siedlungs-, Gassen- und Grätzl-Festen brachte man sein Schopfsteak mit oder auch das Lammkotelett und warf beides auf einen bereits vorbereiteten, glühend heißen Grillrost. Was die optimale Garzeit betrifft, ließ man sich von einem der wenigen anwesenden routinierten „Heute-kocht-Vati!"-Experten beraten.

Im 7. und 8. Wiener Gemeindebezirk, wo damals die Siedlungskolonie „Bobonien" gerade im Entstehen begriffen war, wurde statt Schopf und Kotelett bereits gerne Veganes gegrillt – beispielsweise junge Maiskolben und zarte Zucchiniblüten. Erstere sollen häufig nach vollbrachter Grillaktion ähnlich ausgesehen haben wie die Berner Würstel unserer Jugend, die Zucchiniblüten hingegen verbrannten unverzüglich rückstandfrei.

Denn Bobos und andere Intellektuelle konzentrierten sich, sofern sie Hobbyköche waren, in jenen Tagen nicht auf die Grillkunst, sondern auf das Sautieren im Sinne von Bocuse, auf die Fusionsrezepte des blutjungen Jamie Oliver oder auf flottes Wok-Pfannenrühren.

BBQ-Wahn und Grill-Manie

Heutzutage ist das, jedenfalls im Sommer, völlig anders. Quer durch alle Schichten wird da in ganz Österreich emsig gegrillt und barbecued. Jede Supermarktkette bietet ab April unter eigenem BBQ-Label marinierte und nichtmarinierte Kalbs-, Rinder-, Lamm- und Schweinesteaks aller Art an, weiters Hendlteile, Spareribs und die üppige Vielfalt grillbarer Wurstwaren.

Ganze Heerscharen von Barbecue-Staats-, Europa- und Weltmeistern geben in Broschüren, Büchern, Blogs und auf YouTube höchst widersprüchlich darüber Auskunft, wie man das „ultimative Steak" grillt.

Allein schon die Beantwortung von Schlüsselfragen wie vorher salzen, nachher pfeffern, vorher pfeffern, nachher salzen, beides vorher, beides nachher spaltet die Expertenschar in mehrere Fraktionen. Diese teilen sich weiter in die Verfechter der Extrem-Starthitze, die Anhänger eines sanften Grillens bei moderateren Temperaturen sowie die leidenschaftlichen Zweizonenhitze-Befürworter und jene Pragmatiker, die sagen:

„Ach was, ich lass mein Ribeye in der Alufolie rasten. Da gart es auch nach. Und zwar von rare auf medium rare, so, wie ich es gerne habe und meine Frau auch."

Die Exponenten dieser unterschiedlichen Zubereitungsideologien gebärden sich ähnlich wie Sektenführer, die sich im Besitz der alleinig zum Heile führenden Wahrheit wissen. Oder anders formuliert: Jeder Grillpapst hat mindestens 32 Gegenpäpste, in jüngerer Zeit auch die eine oder andere Gegenpäpstin.

Trotzdem muss man sagen – und als notorische Anhänger der Frauenemanzipation tun wir dies ungern: Grillen ist nach wie vor in all seinen Spielarten reine Männersache. Dies mag unter anderem daran liegen, dass die meisten „Barbecue Facilities", zumal jene der gehobenen Preisklasse, im Design eher an Harley-Davidsons oder Moto Guzzis erinnern als an die wackeligen Blechkisten unserer Jugendzeit.

Sämtliche Baumärkte, Werkzeugtandler und Internetversand-Einrichtungen bieten selbstverständlich ein riesiges Spektrum einschlägiger Hardware an. Es reicht vom Einmal-benutz-und-wegwerf-Grill um 2,99 Euro bis zu den absoluten Luxusgeräten so um die 1500 Euro.

Da gibt es klassische Kugelgrills, Smoker und extreme Oberhitze-Grills, die das Fleischstück auf 700 Grad erhitzen; darüber hinaus unterscheidet man Holzkohlen-, Gas-, Elektro- und Lavasteingeräte und solche, die mehrere Komponenten in sich vereinen.

Jüngeren Statistiken zufolge verfügen in Österreich 70 Prozent aller Haushalte über zumindest *ein* Grillgerät. Da aber nicht 70 Prozent über einen eigenen Garten verfügen, stellen sich inzwischen viele wertkonservative heimische Abendländer bange Fragen:

„Ist es wirklich schon so weit gekommen?! Tun inzwischen viele Österreicher das, was vor dreißig Jahren nur die Türken taten – nämlich auf dem Balkon grillen?! Hat der wackere Basti die Balkanroute zu spät geschlossen?! Ist die Islamisierung bereits so weit fortgeschritten??!!"

Keine Angst, nein! Wir können Entwarnung geben.

Laut Zahlen der Statistik Austria, in die wir Einblick nehmen konnten, ist der durchschnittliche Schweinefleischverbrauch in den letzten Jahren mehr als doppelt so hoch gewesen wie Kalb- und Rindfleischverbrauch zusammen. Der heimische Lammfleischkonsum scheint so gering zu sein, dass wir dazu keine statistischen Daten finden konnten.

Fazit: Herr und Frau Österreicher mögen auf Balkonen grillen – ihr Grillgut ist aber überwiegend von schweinischer Herkunft und somit leitkulturkonform.

Gott sei Dank!

Kobe-Rind und Bison-Burger

In den Kreisen der sich selbst als solche sehenden Bildungs- und Kulturelite ist das anders. Hier grillt zwar auch Vati. Der ist aber kein Tischlermast**a**, Elektrikermast**a** oder Schlossermast**a**, sondern ein Mast**er**. Ein Mast**er** (FH) zum Beispiel oder ein richtiger Mast**er** einer Wirtschaftsuniversität. Oft sind die dann auch noch CEOs von Werbeagenturen, die gerne und verantwortungsbewusst das Schreddern von Festplatten anordnen.

Oder es sind wirkliche Geistesriesen wie Jus-Magister und andere Doktoren oder gar Professoren oder Kammersängerinnen. Bei allen Vorgenannten ist jeweils gendermäßig korrekt das andere Geschlecht mitzudenken.

Diese geistige Elite grillt in jüngerer Zeit ausschließlich nur mehr Rind- oder dem Rinde artverwandtes Fleisch.

Wir können dies durch Feldforschung überzeugend belegen.

Denn im letzten August wurden wir von einem unserer gemeinsamen Freunde zu einem Herren-Grillabend eingeladen. Wir wollen den Gastgeber Anselm nennen, obwohl er eigentlich Bertl heißt. Anselm gefällt ihm sicher besser, durch Bertl hat er sich immer zu sehr den bildungsfernen Schichten zwangszugeordnet gefühlt.

Anselm ist ein Intellektueller von imposanter Gesamtgröße: Er hat einen Doktor in Philosophie, einen weiteren in Rechtswissenschaften, zusätzlich ist er auch noch Kunstgeschichte-Magister.

Und er ist der Einzige in unserem Bekanntenkreis, der *wirklich* reich ist.

„Halt! Moment! Augenblick!"

Das werden uns jetzt Sie, liebe betörend gebildete Leserin, und auch Sie, lieber um Weiterbildung emsig bemühter Leser, zurufen, um sogleich folgerichtig zu fragen:

„Wen, bitte, hat akademische Bildung jemals reich gemacht?! Keinen!", werden Sie sich selbst antworten und hinzufügen: „Und schon gar nicht in Österreich. Denn soweit wir wissen, sind die reichsten Menschen in diesem, unserem Lande ehemalige Hotelrezeptionistinnen aus Kärnten, HAK-Abbrecher aus Tirol, die wie ein Kakao heißen, und Tandler, die ein thailändisches Kracherl weltweit verhökern. Weiters lehrt uns die jüngere Vergangenheit, dass selbst für das Erreichen höherer politischer Ämter heutzutage ein Studienabbruch eher taugliche Voraussetzung ist denn ein Studienabschluss. Und da soll Anselm, der Multiakademiker, *wirklich reich* sein?"

Gemach, gemach! Wir können alles erklären.

Anselm hat ein Studium nach dem anderen abgeschlossen, daneben immer wieder in Fachjournalen veröffentlicht und Nachhilfestunden gegeben. Bald stellte sich bescheidener Wohlstand ein, Anselm heiratete Sebastiane und sie gründeten eine Familie. Die finanzielle Hauptlast trug natürlich Sebastiane, die einen sicheren Job als Hauptschullehrerin in Wien-Favoriten hat.

Doch dann, vor ziemlich genau zehn Jahren, schaffte Anselm völlig unerwartet den Durchbruch. Er war damals Anfang fünfzig und hatte ein kunsthistorisches Werk über den „Einfluss der byzantinischen Ikonengestaltung auf die russische Sakralmalerei in der Hochgotik" verfasst, das zu einem gigantischen Hit wurde. Angeblich wurde das Werk sogar in der „Zeit" und in der „Neuen Zürcher Zeitung" rezensiert. Just in diesen Tagen erhielt Anselm ein Eiltelegramm von einer Anwaltskanzlei aus Pittsburgh, Pennsylvania. Ein Vetter seines Großvaters war im Alter von 102 Jahren verstorben. Dieser Dagobert, der nun tatsächlich so hieß, galt schon immer als das schwarze Schaf der Familie, über das man nie sprach. Und wenn, dann nur, um sich das Maul über ihn zu zerreißen. Dagobert, gelegentlich wie Anselm auch „Bertl" genannt, hatte in den 1970er-Jahren durch Terminspekulationen auf Schweinebäuche und tiefgefrorenen Orangensaft ein kleines Vermögen gemacht, das er Anfang der 1980er-Jahre durch einen Irrtum enorm vergrößerte.

Er hatte sich bei einem Termin-Deal mit Produkten der „United Fruit Company" ein wenig verspekuliert. Aus einer Laune heraus beschloss er daraufhin, kleine regionale Obstvermarkter zu unterstützen, und erwarb – so meinte er jedenfalls – Anteile einer kalifornischen Äpfel-Vermarktungsgesellschaft namens „Macintosh".

Die Investitionssumme verzehnfachte sich in Kürze, zehn Jahre später ward dieses Zehnfache wiederum quadriert. Nun, da Dagobert kinderlos das Zeitliche gesegnet hatte, erbte sein sozusagen „Urstrumpfneffe" einen zweistelligen Millionenbetrag in Dollar, der sich auch in Euro sehen lassen konnte.

Dann ging alles Schlag auf Schlag.

Sebastiane ließ sich scheiden. Die Mediatorin schlug eine

moderate Abwicklung des „gemeinsam erworbenen Vermögens" vor, wobei sie auch jenes von Dagobert erworbene einbezog. Resultat: Sebastiane bekam die ohnehin weitgehend bisher von ihr selbst abgestotterte Eigentumswohnung in Wien-Favoriten und eine ansehnliche monatliche Apanage bis zu ihrem Lebensende.

Anselm erwarb eine 150 m² große Junggesellenbude im Zentrum Wiens und ein 4000 m² großes Grundstück im Speckgürtel der Stadt. Dort ließ er von einem Architektenteam ein Haus errichten, das inklusive des beheizten Hallenbades energieneutral ist. Das Architektenteam bekam dafür einen internationalen Preis.

In dieses Haus hat uns Anselm zu dem erwähnten Grillabend eingeladen. Wie gesagt – es ist ein Herrenabend.

Dies ergab sich aus der Verkettung zweier Umstände:

Zum einen ist Anselms zweite Frau Veganerin, die es verabscheut, wenn er in ihrer Gegenwart tierische Produkte verzehrt.

Zum zweiten ist Giselle – so wollen wir Anselms zweite Frau nennen, um ihre Anonymität zu wahren – derzeit auf einer Karibik-Kreuzfahrt. Und sie mag es nicht, dass Anselm weibliche Personen einlädt, wenn sie nicht daheim ist. Auch dann nicht, wenn diese Personen die Ehefrauen oder Lebensgefährtinnen seiner Freunde sind. Daher sitzen jetzt also Erwin und Fritz alleine mit Anselm auf dessen Terrasse. Diese ist geschmackvoll mit Carrara-Marmor verfliest und so groß wie ein Einfamilienhaus. Der Esstisch und die dazugehörigen Sessel stammen von einem spanischen Designer, der ein enger Freund von Giselle ist.

Am Horizont kann man das erkennen, was Anselm vorhin seine „einfache Sommerküchenzeile" genannt hat. Diese erinnert ein wenig an die Kommandobrücke des Raumschiffs Enterprise. Hier ist alles da, was das Herz eines Barbecue-Königs begehrt. Smoker, zwei Extremhitze-, drei Mehrzonen-Grills mit unterschiedlicher Energiezufuhr und zwei weitere Aggregate, die wir nicht identifizieren können.

Wir essen gerade ein wirklich hervorragend medium rare gebratenes Ribeye-Steak vom Wagyu-Rind. Als wir vor einer halben Stunde angekommen sind, war Anselm schon mitten in seiner Grilltätigkeit. Zuerst haben wir ihn gar nicht erkannt. Er sah aus wie ein Hochofenarbeiter der VÖEST Anfang der 1960er-Jahre. Er trug eine riesige Schürze aus feuerfestem und hitzeabweisendem Material. Im Design höchst altvaterisch, also „vintage" oder „retro", wie man das heute nennt.

Weiters trug er klobige Lederhandschuhe, vermutlich aus Wasserbüffelleder, die seine an sich feingliedrigen Hände groß wie Klodeckel erscheinen ließen. Über seine sündteuren Augengläser mit Fassung aus umweltzertifiziert nachwachsendem Tropenholz hatte er eine Schweißerbrille gestülpt, die er vor zwei Jahren auf einer Abenteuerurlaubsreise in einem Antiquariat in Nowosibirsk um einen – wie er sagte – „Nasenrammel" erworben hatte.

„Was gibt's denn Gutes?", hatte ihn Erwin gefragt.

„Vielerlei", hatte Anselm erwidert, während er mit einer riesigen handgeschmiedeten Grillzange drei Steaks wendete. „Vielerlei. Steaks, Burgers und Spareribs. Alles vom Mangalitza-Schwein, vom Bison ..."

„... und vom Kobe-Rind!", unterbrach Fritz und fügte hinzu: „Das sieht man an der schönen Fettmarmorierung des Steaks!"

Anselm hatte darauf süffisant gelächelt. Er hasst es, unterbrochen zu werden. Und er liebt es, wenn er sich postwendend beim Unterbrecher, diesem Verbrecher, revanchieren kann. Und das konnte er in diesem Fall, sehr zum Leidwesen von Fritz.

Sogleich hatte Anselm, ohne sein Grillgut auch nur eine Sekunde aus den Augen zu lassen, mit dem Dozieren begonnen: Kobe sei der Name einer Region und einer Hafenstadt in Japan. Und weil über diesen Hafen die meisten japanischen Rinder, die man in den Westen exportiert, verschifft werden, habe sich unter kulturlosen Wessis der Name „Kobe-Rind" eingebürgert. Das wäre genauso lächerlich, wie wenn man in Österreich gezüchtetes Simmentaler Fleckvieh, weil es beispielsweise über Triest verschifft wird, als „Triester Rind" bezeichnete.

Fritz hatte zur Kenntnis nehmen müssen, dass es sich bei der vermeintlichen Kobe-Kuh um ein Wagyu-Rind handelte; und jetzt sitzen wie gesagt die drei bei den von diesem Edeltiere stammenden Ribeye-Steaks.

Erwin will die Demütigung, die Fritz vorher durch Anselm erleiden musste, diesem heimzahlen und sagt, vorerst scheinbar arglos:

„Schmeckt hervorragend! Aber Anselm, du warst doch immer so ein überzeugter Grüner ..."

„Bin ich immer noch. Schau dich um! Mein Haus ist CO_2-neutral, mein Sportwagen hat einen Elektromotor – kurz gesagt: Ich habe den ökologischen Fußabdruck einer Feldmaus!"

„Aha", fährt Erwin fort, „aber ist es nicht ökologischer Irrsinn, Steaks aus Japan zu importieren?"

„Das wäre es, selbstverständlich!" Anselm hat schon wieder dieses widerwärtige arrogante Grinsen aufgesetzt, für das man ihm eine pantschen täte, wäre man nicht so zivilisiert und grundsatzpazifistisch wie Erwin und Fritz. „Aber ich", fährt er fort, „kaufe natürlich mein Wagyu nur bei österreichischen Züchtern. Es war nie in Japan. Es hat Kobe nie gesehen!"

Ja, jetzt wissen wir es eh schon, du Blödsack!, denkt Fritz, während Anselm fortfährt. „Auch mein Bisonfleisch beziehe ich von heimischen Anbietern aus dem Wald- und Innviertel. Ihr werdet von den Bison-Burgers begeistert sein."

„Ist das Bisonfleisch nicht ganz besonders mager?", fragt Fritz nun mit hinterhältigem Unterton.

„Natürlich! Wunderbar kalorienarm!"

„Jetzt haben wir gerade diese wunderbar fett-marmorierten *japanischen* Steaks gegessen – werden uns dann die Bisamberger Bison-Burger nicht ein bisschen fad vorkommen?!"

„Keineswegs!", erwidert Anselm, der sich inzwischen nicht mehr nur als der klügste Mann Mitteleuropas vorzukommen scheint, sondern als bester Koch seit immer und ewig. „Erstens ist der Bison nicht aus Bisamberg, das liegt im Wein- und nicht im Waldviertel. Und zweitens hab ich da ein kleines Geheimnis, das ich euch als *meinen allerbesten Freunden* jetzt gleich verrate: Ich gebe in die Burger neben dem faschierten Büffelkeulenfleisch auch immer ein wenig vom faschierten Mangalitzaspeck dazu. Das schmeckt dann wirklich herrlich!"

Gut. Wir haben es begriffen. Anselm ist heute in Topform, es ist ihm nicht beizukommen.

Wir rächen uns auf unsere Art, indem wir das opulente Mahl mit zwei Flaschen Château Lafite-Rothschild hinunterspülen. Gemessen an diesem Wein war selbst das sündteure Kobe-Rind noch relativ kostengünstig.

Aber Erwin und Fritz hatten kein schlechtes Gewissen. Es traf keinen Armen. Anselm konnte sich das locker leisten. Und wir zwei es uns auch. Denn wir mussten Gott sei Dank nicht mehr heimfahren. Anselm quartierte jeden von uns in eines seiner CO_2-neutralen 80-Quadratmeter-Gästezimmer ein, jeweils ausgestattet mit einem Flachbildschirm von geschätzten acht Metern Bildschirmdiagonale.

Aber Fritz und Erwin konnten nicht fernsehen. Beide standen sie in der Vorbereitung für dieses Buch. So setzte sich der eine hin, öffnete sein MacBook Air und googelte alles Wissenswerte über Steaks. Der andere aber zückte seinen Federkiel und verfasste ein Gedichtlein.

Von die Japana und von die Kagrana

Gaunz ohne Schmäh
sogt ana aus Braadnsee
zu an Kagrana
Gaunz ohne Schmäh
drübn, bei d' Japana
gibts Tog fia Tog aum Mittogstisch
nix ois wia an rohen Fisch.
Do drübn, bei d' Japana
sogt drauf da Kagrana
warats füa mi nur zum Waana.
Weu: Wurscht wira gmocht is,
ob a roh oder kocht is
ob gsodn, ob brodn
i mechts kana rodn
dass sie mir servier'n tuat nix wia an Fisch
aum Sunndog auf mein Mittogstisch.
I lossat mi scheidn
Fisch kaun i net leidn.
Drum heirat i nie a Japanarin,
weu i hoid a echta Kagrana bin!

Gewidmet dem von uns beiden sehr geschätzten
H. C. ARTMANN (1921–2000)

Kleine Rindersteak-Kunde

Als Erwin und Fritz jung waren, kannten sie zwei Arten von Steaks: das Filetsteak, das auch „echtes Beefsteak" genannt wurde, und das Rumpsteak. Das war's dann auch schon. Heutzutage gibt es eine Unmenge von befremdlich wirkenden Bezeichnungen, die entweder Worte aus Fremdsprachen für etwas uns durchaus Bekanntes sind. Oder sie entsprechen einem anderen – meist britischen oder amerikanischen – Teilungsschnitt des Rindes und nicht dem österreichischen.
Wir wollen hier einen kleinen Überblick geben, was sich hinter den einzelnen Bezeichnungen verbirgt:

FILETSTEAK, TOURNEDOS, TENDERLOIN-STEAK und CHATEAUBRIAND sind Steaks vom Lungenbraten aus dessen mittlerem oder dickem Teil.

RUMPSTEAK und ENTRECÔTE werden aus dem Beiried geschnitten, das gelegentlich auch als DIE Beiried bezeichnet wird; im Zuge der Gendergerechtigkeit finden wir das durchaus korrekt; auch wir sagen wie in unserer Kindheit heute immer wieder gerne DAS Teller und DER Radio.

Das RIBEYE-STEAK entspricht dem Rostbraten; man könnte also durchaus auch von einem VANILLE-RIBEYE sprechen, zumal ja der Vanille-Rostbraten ein kurzgebratener ist – im Gegensatz etwa zum Girardi- oder Esterházy-Rostbraten, die circa 90 Minuten lang gedünstet werden. Der Zwiebel-Rostbraten hingegen existiert in klassischen Wiener Kochbüchern in zwei Varianten: als kurzgebratenes Quasi-Steak und als butterweich lang gedünstete Alternative.

Das HÜFT-STEAK, auch SIRLOIN-STEAK, stammt vom Hüferscherzel.

Das FLAT-IRON-STEAK wird von Freunden der klassischen Wiener Küche vermutlich als Geschmacksverirrung empfunden; denn man erhält es, wenn man von einem Schulterscherzel zwei relativ große Steaks herunterschneidet, indem man mit einem scharfen Messer das Fleisch sowohl ober- als auch unterhalb der mittig liegenden Sehne abtrennt. In der heimischen Küche ist das Schulterscherzel neben dem Tafelspitz der am meisten geschätzte Teil für gekochtes Rindfleisch. Wer es zerlegt und die Überbleibsel dann auch noch auf einen brennheißen Grill schleudert, der darf wohl kaum mit einer Ehrenmitgliedschaft im „Verein der Freunde der Altwiener Kochkunst" rechnen.

Das FLANK-STEAK wird aus dem Bauchlappen geschnitten. Es gilt bei einer ganzen Reihe von YouTube-Grillgöttern als Favorit, weil es hervorragend schmeckt und relativ kostengünstig zu haben ist. (Außer man will es unbedingt vom Kobe- – pardon! – Wagyu-Rind haben. Dann muss man schon eine Handvoll Euro mehr drauflegen.)

Alle bisher beschriebenen Steaks sind Fleischschnitten OHNE Knochen. Die folgenden werden im Regelfall MIT Knochen in den Verkauf gebracht.

TOMAHAWK-STEAK wird wie das Ribeye aus dem Rostbraten geschnitten, allerdings bleibt ein langer Rippenknochen dran.

CLUB STEAK stammt ebenfalls vom Rostbraten, und zwar aus dem hinteren Teil; der Knochen befindet sich am Rand des Steaks.

T-BONE-STEAK und PORTERHOUSE-STEAK werden beide so geschnitten, dass sie einen größeren Beiried-Anteil und einen kleineren Lungenbraten-Anteil haben, wobei diese von einem T-förmigen Knochen getrennt werden. T-Bone und Porterhouse sind also im Prinzip gleiche „Cuts", sie unterscheiden sich nur durch die Größe voneinander: Das Porterhouse ist insgesamt deutlich größer und hat auch einen im Verhältnis größeren Filet-Anteil.

So viel also zu unserer kleinen Steakkunde. Was allerdings die Grillmethoden für diese Fleischteile betrifft, so wollen wir den vielstimmigen Chor derer, die der Welt verkünden, wie man endlich das „perfekte Steak" grillen könne, nicht um zwei weitere Stimmen verstärken; da gibt es viele, die das besser können als wir, und noch mehr, die das deutlich lauter können.

Wer auf der sicheren Seite sein will, sollte die von uns oben vorgeschlagene „Sous-vide"-Garung mit anschließendem Kurzgrillen versuchen.

Aber egal: Machen Sie Ihr persönliches Steak genau so, wie Sie es wollen. Wir reden Ihnen da nichts drein.

Was wir Ihnen im folgendem anbieten, sind Rezepte für ein paar selbstgemachte Saucen und Beilagen. Sie passen übrigens alle nicht nur zu Rindersteaks, sondern zu allem, was kurzgebraten wurde – von Schwein bis zu Thunfisch und vom Lamm bis zu Halloumi-Grillkäse.

Guacamole

Zutaten:
1 Avocado
1 Zitrone
1–2 Schalotten, feingehackt
1 große Tomate, geschält und entkernt
Koriandergrün oder Petersilie, feingehackt
Chilipulver
Salz und Pfeffer

Fruchtfleisch der Avocado mit einer Gabel zerdrücken; die Tomate in kleine Stücke schneiden und zusammen mit Schalotten, Koriandergrün und Zitronensaft unter das Avocado-Püree mischen; mit Salz, Pfeffer und Chilipulver abschmecken.

Tsatsiki

Zutaten:
250 g Salatgurke, geschält
1–2 Knoblauchzehen, geschält und feingehackt
¼ l griechisches Joghurt
Salz

Mit einem Sparschäler Längsstreifen von der Gurke bis zu den Kernen abschneiden. Die Gurkenstreifen klein schneiden, einsalzen und nach einer Rast von circa 20 Minuten kräftig ausdrücken. Dann Joghurt, Knoblauch und – falls nötig – Salz daruntermischen.

Cocktailsauce '57th Chevy

Zutaten:
⅛ l Joghurt
2 EL Mayonnaise
1 EL Ketchup
1 EL Dijon-Senf
2–3 EL Olivenöl, extra vergine
1 TL Weinbrand
Pfeffer und Salz

Alle Zutaten mischen.

Peperonata

Zutaten:
4 große Paprika (gelb, orange, rot)
2–3 Knoblauchzehen, gehackt
Rotwein-Essig
Olivenöl, extra vergine
Pfeffer und Salz

Backofen auf höchster Stufe Oberhitze bzw. Grill plus Umluft vorheizen; die Paprikaschoten entkernen und jeweils in drei bis vier Segmente teilen. Auf ein Bachblech Alu-Folie breiten (glänzende Seite nach oben) und die Segmente mit der Schalenseite nach oben auflegen; so lange im Backofen lassen, bis die Haut dunkelbraun bis schwarz ist. Die Paprika kalt abschrecken, schälen und in mundgerechte Stücke schneiden. Essig und Öl mischen, Knoblauch beifügen, über die Paprikastücke gießen, alles vermischen und schließlich mit Salz und Pfeffer abschmecken.

Paradeisersalat

Zutaten:
600 g San Marzano-Tomaten
Basilikumblätter, gezupft und zerkleinert
ca. 60 g Schalotten, feingehackt
Olivenöl extra vergine
Salz und Pfeffer

Die Marzano-Tomaten in Scheiben schneiden, Schalotten, Basilikum und Olivenöl beifügen, gut durchmischen und mit Salz und Pfeffer abschmecken.
Eine gute Stunde bei Zimmertemperatur stehen lassen – dann sollte der Salat ohne Essig wunderbar schmecken.
Sollte er Ihnen dennoch zu fad sein, können Sie immer noch etwas Apfel- oder Weinessig beifügen.

Vegetarier aller Länder, vereinigt euch!

*Offenbar tritt in dem Maße, wie die Kultur sich hebt,
an die Stelle der Fleischkost die Pflanzenkost.*

August BEBEL
Sozialistischer Politiker und Publizist
1840–1913

Die Recherchen zum vorliegenden Buch haben Erwin und Fritz in eine „Burger-King"-Filiale geführt. Die beiden haben sich vorgenommen, eine scharfzüngige Satire über jene Fast-Food-Welle zu schreiben, die nun schon vor fast einem halben Jahrhundert erstmals auch über Österreich geschwappt ist. Und die nun nicht mehr abebben will. Bereits 1977 kam der erste „McDonald's" nach Wien. Inzwischen gibt es hierzulande 194 Filialen.

Getreu dem links-emanzipatorischen Motto ihrer Jugend: „Wenn schon Junkfood, dann wenigstens vom kleineren Konkurrenzanbieter" sitzen Erwin und Fritz also nicht vor einem „Royal TS" und einem „Big Mac", sondern vor einem „Steakhouse Burger" und einem „Double Whopper". Dazu wird „Coke" getrunken und emsig in den iPads gestöbert. Und dann passiert es:

„Wahnsinn!", sagt Erwin. „Ich habe ‚Burger' eingegeben und bin auf einen „Veggie-Burger" gestoßen."

„Es gibt Veggie-Burger?", fragt Fritz lachend. „Ist das nicht genauso, wie wenn man einen alkoholfreien Whisky anbieten würde?"

„Naja – alkoholfreies Bier gibt's ja auch schon längst!", gibt Erwin zu bedenken.

„Ganz zu schweigen vom koffeinfreien Kaffee!", ergänzt Fritz.

„Moment! Da gibt es eine BürgerInnen-Initiative mit Binnen-I gegen das *Verbot* des Veggie-Burgers!"

„Unser guter alter Veggie-Burger soll verboten werden?! Um Gottes willen, wer plant denn sowas?!"

„Na, wer schon! Die EU!"

Typisch! Seinerzeit gab es diese furchtbare Sache mit der Gurkenkrümmung und jetzt auch das noch. In Sekundenbruchteilen wechseln Erwin und Fritz den Fokus ihre Recherche. Scharfzüngige Satiren über das Überschwappen der Fastfood-Welle gibt es ohnehin schon zum Säue füttern, um ein nicht-veganes Bild zu gebrauchen.

Jetzt aber geht es um die Tofu-Wurst!

Die soll nämlich auch von den EU-Bürokraten verboten werden. Genauso wie das Seitan-Schnitzel.

„Was genau ist Seitan?"

„Vorläufig egal."

Erwin und Fritz verschlingen eilends ihre Burger, dann besteigen sie ihre zu hundert Prozent biologisch abbaubaren und CO_2-neutralen Fahrräder. Jeder radelt nach Hause, um sich daheim hinter den Computer zurückzuziehen. Dann hebt emsiges Googeln an.

Erster Zwischenbericht: Seitan ist ein Weizeneiweiß-Produkt, sprich: pures Gluten. Es hat eine fleischähnliche Konsistenz, weshalb daraus vegetarisch-vegane Surrogate für Burger, Gyros oder Schnitzel hergestellt werden.

Bei ihren Nachforschungen tauschen sich Erwin und Fritz permanent via Facetime aus.

„Welchen Burger isst eigentlich ein Vegetarier oder Veganer mit Gluten-Unverträglichkeit?"

„Keine Ahnung. Aber zuerst müssen wir uns einmal grundsätzlich damit beschäftigen, was Veganer von Vegetariern unterscheidet – und ob es dabei auch noch spezielle Sonderformen gibt."

Zweiter Zwischenbericht: Grundsätzlich kann festgehalten werden, dass Veganer überhaupt keine von Tieren stammenden Nahrungsmittel essen. Vegetarier hingegen streichen zwar ebenfalls das Fleisch vollständig aus ihrem Speiseplan – aber sie schmausen auch gerne Eier und Honig sowie Milch und Milchprodukte. Die Veganer sind also die „Fundis" in der Gemüseernährungsfraktion, die Vegetarier die „Realos".

Dazwischen haben sich zwei Sonderformen ausgebildet:
Die Ovo-Vegetarier, die Eier essen, aber auf Milch verzichten.
Und die Laktovegetarier, die gerne Milchprodukte in sich hineinschaufeln, dafür aber die Eier komplett weglassen.
Außerhalb dieses Spektrums, ihm aber ideologisch nahestehend, gibt es die größer werdende Gruppe der Teilzeitvegetarier. Und die lässt sich wieder sehr schön in drei Untergruppen gliedern:
Erstens: die Ovo-Lacto-Pesce-Vegetarier, die sich vegetarisch ernähren, dazu aber auch Fisch essen.
Zweitens: die Halbvegetarier, die Fisch und Geflügel essen, ansonsten aber kein Fleisch.
Drittens: Naja, da gibt es dann auch noch diese komischen Flexitarier. Dieser Gruppe fühlen sich Erwin und Fritz spontan am ehesten zugehörig. Obwohl sie bis vor wenigen Minuten noch gar nicht wussten, dass es sie gibt. Die Flexitarier sind eigentlich Halbvegetarier, die aber darüber hinaus auch noch ganz gerne gelegentlich ein medium rare gebratenes Steak essen. Gelegentlich wohlgemerkt, nicht täglich. Und selbstverständlich auch nur dann, wenn das Steak von einem Bio-Rind stammt, das nachweislich zu den tröstlichen Klängen des Mozart-Requiems liebevoll vom Diesseits ins Jenseits geleitet wurde.

Zurück zum Facetime-Gespräch:

„In allen diesen Gruppen wird's doch welche geben, die sich hin und wieder einen Veggie-Burger gönnen."

„Sicher. Sogar bei den Flexitariern – das wissen wir zwei ja wohl am besten!"

„Aber wer genau in der EU will jetzt diesen Veggie-Burger verbieten?! Und warum?!"

„Das müssen wir herausfinden, mein lieber Watson!"

„Dann ran an den Apple, Mr. Holmes!!"

Das erste Googeln bringt zügig die Aufklärung eines Missverständnisses. Der Veggie-Burger soll NICHT verboten werden. Es soll nur untersagt werden, dass er weiter den Namen „Burger" tragen darf.

EU-Parlamentarier, vor allem jene, die im Landwirtschaftsausschuss vertreten sind, drängen seit April 2019 darauf, dass Produktbezeichnungen, die Begriffe wie „Wurst", „Steak", „Schnitzel" oder „Burger" verwenden, in Zukunft *ausschließlich* für Fleischwaren benutzt werden dürfen.

Kaum hat Frau Harriet Bradley, Landwirtschaftsfachexpertin der international aktiven NGO „BirdLife", von diesen sinisteren Plänen gehört, schießt sie auch schon ohne zu zögern verbal zurück. Denn sie weiß ja ganz genau, wer die Veggie-Burger-Namenskiller sind: „reactionary MEPs enslaved to the intensive farm lobby" – also „reaktionäre EU-Parlamentarier, die sich von der Lobby der Intensiv-Landwirtschaft versklaven lassen".

Dies bringt im Gegenzug sofort den französischen Abgeordneten Éric Andrieu auf den Plan, der sich gar nicht gern einen „Reaktionär" schimpfen lässt. Denn schließlich ist er ja ein Sozi. Und seit das verbliebene europäische Restproletariat schon vor Jahren europaweit zu den Rechtspopulisten übergelaufen ist, sind die Sozialdemokraten zu allererst einmal – ja was eigentlich?? – ach so, ja: Konsumentenschützer!

Und als solcher stellt Monsieur Andrieu geradeheraus und kompromisslos fest:

„Wir meinen, ein Steak sollte ein wirkliches Steak bleiben." Und dann fügt er hinzu, dass die Bezeichnung „Veggie-Burger" schon „fast eine Täuschung sei".

Kurzer Zwischendialog via Facetime:

„Meint der jetzt, dass es sich hierbei um eine Täuschung handelt?"

„Weiß ich nicht. Er sagt wörtlich: FAST eine Täuschung."

„Genau! Und fast eine Täuschung ist keine. Sondern eben nur fast eine, oder?"

„Richtig!"

„Warum ist er dann unbedingt dafür, dass der Veggie-Burger nicht mehr Veggie-Burger heißen darf?"

„Ich weiß es nicht."

„Ich auch nicht."

Erwin und Fritz diskutieren fernmündlich weiter und kommen dabei noch einmal auf die Stellungnahme der Dame von der BirdLife-NGO zurück. Beide meinen, dass Frau Bradley doch ein wenig übertrieben hat. Denn die Abgeordneten, die das Verbot wollen, sind *entweder* Reaktionäre *oder* versklavt von der Intensivlandwirtschaft. Aber sicher nicht *beides* in einer Person.

Denn echte, urige Fleischernährungs-Reaktionäre sind überzeugt davon, dass ein Schnitzel ein echtes Schnitzel bleiben muss und ein Burger ein echter Burger.

Und sie würden sagen:

„Verdammt, wenn einer sich einen Soja-Batzen oder einen Weizenfladen hineinschrauben will, dann können wir das schweren Herzens gerade noch tolerieren. Aber es muss ihm selbstredend striktest verboten sein, dass er dieses ekelhafte Zeug genauso nennen darf, wie wir Fleischtiger unsere Nahrung schon seit immer und ewig bezeichnen!"

Solche Reaktionäre müssen von keinem Lobbyisten zwangsüberzeugt werden. Die tun ganz freiwillig das, was die internationale Massentierhalter-Mafia von ihnen erwartet.

Von Lobbyisten motiviert hingegen müssen die toleranten Weicheier werden, die es sich immer leicht machen und zum Beispiel sagen:

„Gut ja, ich esse selbst immer wieder ganz gerne ein Tomahawk-Steak. Aber eh nur dann, wenn es von einem japanischen Kobe-Rind aus Waldviertler Bio-Tierhaltung kommt. Und wie die Vegetarier und Veganer ihre Fleischsurrogate nennen wollen, das sollte man getrost denen selbst überlassen."

Hier muss der Lobbyist naturgemäß mit eisernem Besen dreinfahren und die säumigen Abgeordneten an ihre Konsumentenschutzpflicht erinnern.

Apropos Konsumentenschutz: Man stelle sich vor, ein Konsument sieht in einem Supermarktregal, über dem groß und deutlich „Vegetarische und vegane Produkte" steht, eine Produktpackung mit der Aufschrift „Veggie-Burger".

Mmmhhhm, da schau her!, denkt der Konsument. Da ist ein veganer Burger drinnen. Und der ist sicher aus Bio-Rindfleisch.

Denn vegan ist ja immer bio, da bin ich mir sicher. Und darauf freue ich mich so, dass mir jetzt schon das Wasser im Mund zusammenrinnt!

Der Konsument, der zweifelsfrei nicht die hellste Kerze auf der Torte der Schöpfung ist, erwirbt das Produkt. Er geht damit nach Hause und bereitet den Veggie-Burger gemäß Packungs-Kochanleitung zu. Dann legt er ihn auf einen Teller, in der Absicht, das faschierte, gute Stück Rindfleisch zu verzehren.

Stünde in diesem Moment auch nur ein einziger verantwortungsbewusster EU-Konsumentenschützer oder dessen weibliches Pendant neben ihm, dann würde der Konsument in diesem Augenblick eine gellende Stimme hören, die ihm zuriefe:

„Stopp, Unglücklicher! Iss dieses Produkt nicht! Denn vor dessen Erwerb wurdest du in arglistiger Weise fast beinahe möglicherweise getäuscht!"

Doch niemand steht neben ihm. Und so isst der Konsument den Veggie-Burger. Und dann passiert das Unvermeidliche.

Kurzer Zwischendialog via Facetime:

„Ja – was passiert eigentlich?"

„Na ja – er schmeckt ihm wahrscheinlich nicht."

„Gut. Dann wird er sich den Veggie-Burger nie wieder kaufen."

„Richtig. Oder er schmeckt ihm. Dann wird er das Zeug immer wieder essen."

„Genau. Und er wird glauben, dass exorbitanter Rindfleischkonsum seine Cholesterinwerte gesenkt hat."

„Richtig. Aber da gibt es doch eigentlich Schlimmeres, oder?"

Genau, da gibt es weit Schlimmeres. Dazu ein paar Schlagzeilen aus den letzten Jahren:
„Gammelfleisch"-Skandal: Was hat Österreich gelernt?
Die Presse. November 2013

Skandal um Fleisch geht um die halbe Welt.
KURIER. März 2017

Gammelfleisch nicht entsorgt, sondern verkauft!
Kronen Zeitung. Mai 2018

Tiertransporte im Hochsommer: Klimaanlagen äußerst selten.
Tiroler Tageszeitung. August 2018

Fleischskandale und kein Ende in Sicht
Alle Jahre wieder: Die Herkunft verdorbener Waren ist oft nicht bekannt.
KURIER. April 2019

Transporte quer durch Europa und bis nach Asien mit Tausenden verendeten, verletzten und leidenden Tieren: Ein System, das meist erlaubt und wirtschaftlich auch rentabel ist.
Oe24. Mai 2019

Jetzt einmal ganz ehrlich nachgefragt, geschätzte Landwirtschaftsausschussmitglieder des Europaparlaments:
Gibt es im Bereich Konsumenten-, aber auch Tierschutz nicht Wichtigeres zu tun? Wollt ihr tatsächlich euer ganzes Gehirnschmalz und beispielgebendes Engagement in ein Projekt stecken, das die Umbenennung von Tofu-Wurst, Seitan-Schnitzel und Veggie-Burger zum Ziel hat?
Aus. Klappe. Schluss der Szene. Es ist spät. Ende der Facetime-Konversation. Zeit, schlafen zu gehen.

Dann kommt ein neuer Tag. Und nach dem eben verfassten Plädoyer für die Fraktion der Gemüseesser beschließen Erwin und Fritz, heute ein passendes Lokal aufzusuchen.

Und bei zwei streng veganen Hauptgerichten überlegen Erwin und Fritz, mit welchem emotionalen Aufwand, welcher Wut und welcher Polemik auch vonseiten der Veganer und Vegetarier der KAMPF um den Veggie-Burger geführt wird.
Der martialische Begriff KAMPF stammt in diesem Fall übrigens nicht von uns. Jan Felix Domke von der „Vegetarischen Union" meinte: „Der KAMPF ist noch nicht vorbei!"

Und dabei hat er sehr, sehr böse dreingeschaut.

Und wir dachten immer, die Veganer und Vegetarier seien völlig aggressionsfrei! Eben weil sie nicht so viel animalische Energie in sich hineinfressen wie die Fleischtiger. Das wurde jedenfalls von den hippiehaften Vegetarierinnen und ihren männlichen Pendants in den lang vergangenen Zeiten unserer Jugend gerne immer wieder behauptet. Sicher hat der eine oder andere von uns beiden darauf geantwortet:

„Aggressionsfrei? Na sicher! Das beste Beispiel dafür ist ja ein sehr prominenter Österreicher: Der Friedensführer Adolf Hitler war ja auch Vegetarier!"

Wir müssen uns für diese billige Polemik im Nachhinein entschuldigen. In zahllosen veganen Blogs und auf vegetarischen Webseiten wird seit Jahr und Tag gegen dieses saublöde „Argument" zu Recht polemisiert, das wir selbst leider im jugendlichen Überschwang seinerzeit auch immer wieder ins Treffen geführt haben.

Dabei ist es selbstverständlich ohnehin vollkommen Tofu, ob Hitler Vegetarier war oder nicht. Aber – er war eh keiner!

Woher wir das wissen?

Das fantastische Wissenschaftsmagazin „focus-online" erwähnt, dass die historische Forschung hieb- und stichfeste Beweise vorgelegt habe, dass Hitler nicht einmal *Halbvegetarier* war.

Denn er habe, so „focus-online", auf dem Obersalzberg wiederholt Suppe *mit Leberknödeln* gegessen.

Mit Leberknödeln! Da ist ja dann wohl jeder weitere Kommentar überflüssig.

Aber, liebe Veganerinnen und liebe Vegetarier, ist es wirklich nötig, dass man mit so viel Zeit, Energieaufwand und – pardon! – Schaum vor dem Mund für die Erhaltung des Namens „Veggie-Burger" kämpft? Was wäre, wenn ihm in Zukunft die Herstellerfirmen einfach den Namen „Big Veg" gäben? Und die Tofu-Würstel würden zum Beispiel in „Tofu-Franks" oder „Veggie-Griller" umbenannt? Wie wäre es, wenn das Seitan-Schnitzel in Zukunft „Veggie-Wiener" hieße? Wäre das wirklich so furchtbar für euch Gemüsejunkies?

Denkt bei einem Gläschen Kombucha doch einfach einmal darüber nach!

Zum guten versöhnlichen Schluss haben wir für alle Veganer und jene, die es noch werden wollen, ein kleines, schmackhaftes Menü entwickelt. Also gut – „entwickelt" ist jetzt vielleicht ein zu großes Wort: Wir haben es unter Zuhilfenahme unserer umfassenden Kochbuchbibliothek zusammengestellt und natürlich selbst probiert.

Unsere Einschätzung: Dieses Menü ist auch für hartgesottene Flexitarier eine echte Gaumenfreude.

Vegane Kürbissuppe

Zutaten:
400 g Butternut-Kürbis, geschält
2 Schalotten, feingehackt
1 Knoblauchzehe, feingehackt
Erdnussöl
Kürbiskernöl
1 halber TL Kümmel, gemahlen
1 TL Paprikapulver
1 TL Tomatenmark
½ l Gemüsesuppe
1 Lorbeerblatt
Salz und Pfeffer

Kürbis grob schneiden; Erdnussöl in einem Topf erhitzen, darin die Zwiebel farblos anschwitzen; Kürbis und Knoblauch beifügen, mit Salz, Pfeffer und Kümmel würzen, kurz durchrühren, dann den Topf vom Herd nehmen.
Paprikapulver und Tomatenmark dazugeben, einmal durchrühren, mit Suppe aufgießen und das Lorbeerblatt beigeben; aufkochen, dann 20 Minuten köcheln lassen;
Lorbeerblatt entfernen und mit Stand- oder Stabmixer pürieren.
Noch einmal abschmecken, mit Kürbiskernöl beträufeln und servieren.

Veganes Erdäpfelgulasch

Zutaten:
800 g mehlige Erdäpfel, roh und geschält
200 g Zwiebeln, feingehackt
Erdnussöl
2 Knoblauchzehen, gepresst
20 g Paprikapulver, edelsüß
1 EL Tomatenmark
¼ l Gemüsesuppe
2 kleine Essiggurken, feingehackt
1 EL Essig
1 rote Paprikaschote, entkernt, würfelig geschnitten
Salz und Pfeffer

Erdäpfel je nach Größe halbieren oder vierteln; Öl erhitzen, Zwiebel langsam unter ständigem Rühren goldgelb anrösten, mit Paprikapulver stauben und sofort mit Essig ablöschen.
Tomatenmark einrühren, mit Suppe aufgießen und aufkochen lassen. Erdäpfel, Essiggurken, Knoblauch beifügen, mit Salz und Pfeffer würzen.
Auf kleiner Flamme unter ständigem Rühren köcheln lassen, bis der Saft durch die Stärke cremig wird und die Erdäpfel weich sind.
In einer passenden Pfanne die Paprikawürfel in Öl anrösten.
Gulasch in tiefe Teller füllen und mit den Paprikawürfeln garniert servieren.

Melonencocktail mit Vanille-Eis

Zutaten:
1 vollreife Zuckermelone
trockener Sherry oder Madeira

Das Melonen-Fruchtfleisch in Würfel schneiden, mit Sherry oder Madeira marinieren, zwei Stunden kaltstellen
In Cocktailschalen mit veganem Vanille-Eis servieren.

Das Pilzgericht

Ein Herrenpilz im Walde stand
und freute sich des Lebens.
Sein Buhlen um die Damenpilzin
schien nicht ganz vergebens.
Denn sie zwinkerte kokett.
Der Herrenpilz, der fand das nett
und dachte: „Wie bekomme
ich diese sicher Fromme –
wenngleich sie auch kokett und nett –
heut Nacht in mein bemoostes Bett?"
Da ward ihm plötzlich kalt im Wald.
Denn von nicht allzu fern erschallt
ein Ruf. Der ändert dies Gedicht.
Er lautet: „Ja, ein Pilzgericht
essen wir zum Abendbrot –
und kein Tier, das lang schon tot.
Denn wir sind cool, deshalb vegan,
vegan sein hat's uns angetan!"
Und schon nähert sich die Meute
pilzaffiner junger Leute.
„Nein!", ruft da der Herrenpilz.
„Esst lieber Kalbsleber und Milz.
Wenn's unbedingt vegan sein muss,
esst Hasel-, Wal- und Kokosnuss.
Lasst ihr uns Pilze nicht am Leben,
wird's euch der Herrgott nie vergeben!"
Und wie endet die Ballade?
Veganer kennen keine Gnade!
Herzlos rückt der Pflanzenfresser
dem Pilz zu Leibe mit dem Messer.
Während die Schreiber dieser Zeilen
im Pilzgedenken still verweilen.

Nach dem Lesen von etwa 100 Gedichten des großen Joachim Ringelnatz (1883–1934) ist uns dieser Text aus einem sympathischen Paralleluniversum zugeflogen.

Molekularküche

Laß die Moleküle rasen.
was sie auch zusammenknobeln!
Laß das Tüfteln, laß das Hobeln,
heilig halte die Ekstasen.

Christian MORGENSTERN
Deutscher Dichter
1871–1914

Eines gleich vorweg: Dies wird ein sehr kurzes Kapitel!

Denn wir beide, Erwin und Fritz, sind durchaus passable Hobbyköche. In Chemie aber waren wir schon in der Schule ganz schlecht. Gut, wir wissen, dass die molekulare Kombination H_2O durchaus trinkbar sein kann, wenn vernünftige Alternativen fehlen. Und wir wissen auch, dass wir unseren CO_2-Ausstoß verringern müssen, um das drohende Abschmelzen der Polkappen vielleicht doch noch zu verhindern

Womit wir eigentlich bereits die Essenz unseres Chemiewissens preisgegeben haben. Damit ist wohl ausreichend verständlich gemacht, dass wir nie vorhatten, in diesem Buch ein Kapitel über die *Molekularküche* zu schreiben.

Aber dann kommt es eben doch meist anders, als man denkt.

„Echt? Ihr schreibt ein Buch über das Essen? Da bin ich aber gespannt. Mein Mann und ich haben überhaupt keine Ahnung von Molekularküche."

Gut – dann haben wir vieles gemeinsam. Wir haben nämlich auch überhaupt keine Ahnung von Molekularküche.

„Aber geh – Unsinn!", meldet sich da Christine, die Frau von Fritz zu Wort. „Wir haben doch schon einmal Pilz-Espuma gegessen. In diesem Haubenlokal in Oberösterreich! Da kannst du dich sicher dran erinnern, oder?"

„Selbstverständlich! Es war herrlich", lügt Fritz seiner Frau höchst überzeugend mitten ins Gesicht. Er hat aber ein schlechtes Gewissen dabei.

Als dann auch noch zu einem späteren Zeitpunkt Erwin bei einer Premierenfeier von einer ebenso sympathischen wie attraktiven Kollegin gefragt wird:

„Sag einmal – was hältst du eigentlich von Maestro Ferran Adrià?"

Da antwortet er ungeniert:

„Ich liebe ihn! Er ist ein Meister des Taktstocks!"

„Des Taktstocks?", meint die Kollegin leicht überrascht. „Als Kochgenie ist er doch wohl eher ein Meister des Kochlöffels."

„Ja, er führt seinen Kochlöffel wie einen Taktstock!", fährt Erwin unbeirrt fort. „Mit der Präzision eines Ricardo Muti und der Feinsinnigkeit einer Speranza Scappucci! Für mich waren seine Menüs immer Sinfonien!"

Die Kollegin zeigt sich tief beeindruckt.

„Du warst seinerzeit in seinem Lokal „El Bulli"? In Spanien? An der Costa Brava?"

„Sicher! Das war damals ein Muss!"

„Dafür beneide ich dich, Erwin. Aber das muss ja unglaublich teuer gewesen sein."

„Ich hab lange dafür gespart!", erwidert Erwin seufzend. Und ergänzt: „Sechs Monate lang habe ich ausschließlich nur alte Semmeln und noch ältere Sardinen gegessen."

Das war der einzige Satz an diesem Premierenabend, den man ihm *nicht* geglaubt hat.

Nach alledem war uns eines völlig klar: Wir *müssen* in diesem Buch ein Kapitel über die Molekularküche schreiben, was immer diese auch sein mag.

Als Epigonen von Sherlock Holmes und Dr. Watson sind wir in der Theorie der Recherche natürlich vorgebildet – schließlich haben wir den einen oder anderen Roman von Sir Arthur Conan Doyle gelesen. Ansonsten aber sind wir überzeugte Anhänger des *Learning by Doing*. Also suchten wir ein einschlägig bekanntes Restaurant in Wien auf. Wobei man sagen muss: Ein solches ist gar nicht so schwer zu finden. Fast alle Exponenten der gehobenen Gastronomie setzen heutzutage Elemente der Molekularküche ein – wobei der Begriff „Elemente" in diesem Zusammenhang einen unfreiwillig komischen Beiklang hat.

Pulpo, Scampi und Keta-Kaviar

Nach ausgiebiger Beratung durch den Oberkellner bestellten wir ein sechsgängiges Menü zum Preis eines dreitägigen Vollpensions-Aufenthalts in einem Kurhotel in der Bukowina. Der Maître de Salle verstand offensichtlich sein Geschäft. Dabei wirkte er auf uns anfänglich etwas irritierend – wie ein erst seit kurzer Zeit den Kinderschuhen entwachsener Harry Potter, der aber immer noch die alte Brille trägt. Er war allerdings höchst kompetent und von jener servilen Höflichkeit, die wir vor gar nicht so langer Zeit noch ironisch belächelt hätten, inzwischen aber als ältere Herren an der heutigen Jugend sehr schätzen.

Der „Gruß aus der Küche" gefiel uns sehr und war auch ungewöhnlich opulent. Üblicherweise besteht so ein Gruß, um ein Beispiel zu nennen, aus einem Kubikzentimeter marinierter Roter Rübe, auf der das Sechzehntel einer Jakobsmuschel ruht, üppig garniert mit zwei Bio-Zitronenzesten. In diesem Fall war das überhaupt nicht so: Der eine bekam einen schön gegrillten Greifarm vom Pulpo, der andere zwei nicht minder appetitlich aussehende Scampi, die eindeutig mit Keta-Kaviar garniert waren. Der Pulpo war ähnlich begleitet, doch waren da die Kugeln nicht rot-orange, sondern grün.

Spannend.

Fritz, der ein großer Freund des Lachskaviars ist, schaufelte sich gleich ein paar Kügelchen mit der Gabel in den Mund.

„Jessas Maria! Der Kaviar schmeckt nach Melone."

Kein Wunder – es handelte sich ja auch um „Melonenkaviar", ein Meisterwerk der Molekularküche, deren ungekrönter Kaiser nach wie vor der schon erwähnte Ferran Adriá ist.

Erwin testete seine *grünen* Kugerln.

„Mhmm, Gurkenkaviar!", meinte er mit Kennermiene und zeigte sich begeistert. Auch Fritz gab schließlich zu, dass der Melonenkaviar wunderbar zu seinen Scampi passte.

Wie man aus Früchten oder Gemüsen solche Kugeln, Würfel oder sonst was macht, das erklären wir hier nicht. Das ist Oberliga-Molekularküche und wir zwei agieren in diesem Metier in der Schutzgruppe unter der untersten Unterliga.

Uns ist außerdem bekannt, dass man dafür jede Menge Hilfsmittel benötigt. Ein angeblich sehr beliebtes Starterset umfasst Agar-Agar, Kalziumlactat, Natriumalginat, Sojalecithin, Lebensmittelspritze, Silikonröhrchen, Pipetten, Sieblöffel, Dosierlöffel und eine Form für Halbsphären – was immer Letztere auch sein mögen.

Irgendwie erinnert uns beide das ein wenig an die Chemiekästen, die uns unsere armen Eltern an unglückseligen Weihnachtsabenden geschenkt haben. Die Folgen waren nicht lustig. Dass es aber bereits am darauffolgenden Stephanitag zu Explosionen in Wien-Lichtental und Tulln-Langenlebarn gekommen ist, das hat mit uns absolut nichts zu tun – hier gilt bis heute die Unschuldsvermutung.

Nichtsdestotrotz konzentrieren wir uns momentan noch auf ein relativ einfaches Teilgebiet der Molekularküche – die Herstellung von Espumas. „Espuma" ist das spanische Wort für „Schaum". Und als alte Schaumschläger haben wir Österreicher in dieser Molekular-Disziplin eine Menge mitzureden – und zwar weltweit!

Mit dem ISI der Ösis geht alles easy

Sie haben den obigen Satz ganz richtig gelesen: Der alte ISI-Schlagobers-Apparat, der in Muttis, respektive Omis Küche im Regal in der dritten Reihe gleich hinter dem Entsafter aus dem 1987er-Jahr steht, der gilt inzwischen wieder als ein saugeiles Ding. Natürlich stark modifiziert, ebenso voll cool wie total hip im Design, aber immer noch gespeist mit der einer Stickstoffpatrone. Genauso wie beim alten Schlagobers-Apparat, den es übrigens in neuem Gewand, aber alter Funktion auch noch immer gibt.

Dass „ISI" eine österreichische Firma ist, haben wir übrigens nicht gewusst. Dass sie auch ohne den Espuma-Apparat locker überlebt hätte, das wissen wir auch erst seit unseren diesbezüglichen Recherchen. Denn neben dem boomenden Molekularküchenbereich ist diese Hightechfirma auch im medizinisch-technischen Bereich und in der Sicherheitstechnologie – etwa bei der Konstruktion von Airbags – weltweit erfolgreich tätig.

Erwin und Fritz haben sich also jeder einen „Gourmet Whip" zugelegt.

Und ein paarmal haben wir schon ein wenig modifiziert das nachgebastelt, was uns in Rezepten aus dem Internet vorgeführt wurde. Um dazu Eigenkreativität beizusteuern, machen wir drei schlichte Vorschläge, mit denen diese Espumas jeweils sehr gut harmonieren.

Spargel-Espuma

Zutaten:
½ Kilo weißer Spargel
1 Semmel
eine Prise Zucker
1 Zitrone
2 Blatt Gelatine

Spargel in reichlich Salzwasser mit einer Semmel (entzieht die Bitterstoffe) sehr weich kochen – dauert ca. eine halbe Stunde;
Semmel entfernen, Spargel herausnehmen, den Fond abseihen und reduzierend auf 200 ml einkochen.
150 ml Fond und den Spargel im Standmixer pürieren.
Die in Wasser eingeweichte und ausgedrückte Gelatine in die restlichen 50 ml warmen Spargelfond (ca. 60°) einrühren und die Spargelmasse beifügen. Durch ein Sieb streichen, in die ISI-Flasche einfüllen, die Patrone aufschrauben und die Flasche kräftig schütteln. Mindestens sechs Stunden kühlen.

Gebratener Lachs

Zutaten:
4 Lachsfilets mit Haut
helle Sojasauce
Sesamöl, geröstet
Zitrone
Salz Pfeffer
Erdnussöl

*Die Lachsfilets – falls nötig – mit einer Pinzette entgräten, mit Sojasauce, Sesamöl und Zitronensaft ein wenig marinieren und die Marinade circa eine Stunde bei Zimmertemperatur einwirken lassen.
Erdnussöl in einer beschichteten Pfanne auf mittlerer Stufe erhitzen und die Filets auf der Hautseite langsam braten, bis der obere Teil des Lachses hellrosa ist – dauert 20 bis 30 Minuten. Mit Spargel-Espuma, Safranreis und Paradeisersalat servieren.*

Wasabi-Espuma

Zutaten:
150 g Frischkäse Doppelrahmstufe
15 ml Sojasauce
30 ml Zitronensaft
30 ml Sesamöl
150 g Sauerrahm
10 g Wasabi aus der Tube
60 ml Obers
60 ml Milch

Alle Zutaten gut durchmischen, in die ISI-Flasche einfüllen, die Patrone aufschrauben und die Flasche kräftig schütteln. Mindestens sechs Stunden kühlen.

Thunfischtartar mit roten Linsen

Zutaten:
400 g frischer Thunfisch (Sashimi-Qualität), pariert;
100 g rote Linsen
1 Schalotte, feingehackt
Zitrone
Safran
Salz und Pfeffer
Olivenöl extra vergine

Linsen in Salzwasser mit ein wenig Safran weich kochen, dann abseihen und erkalten lassen.
Thunfisch in feine Würfel schneiden, mit den Linsen und gehackter Schalotte mischen; Zitronenschale mit Zestenreißer abschaben und der Mischung beifügen.
Die Linsen-Thunfischmischung mit Zitrone und Öl marinieren, mit Salz und Pfeffer abschmecken und mit Wasabi-Espuma servieren.

Essiggurken-Espuma

Zutaten:
200 g Essiggurken
100 ml Essiggurkensud
100 ml Obers
Salz
Pfeffer
Zucker
100 ml griechisches Joghurt

Essiggurken mit dem Sud pürieren, Obers und Joghurt dazumischen, mit Zucker, Salz, Pfeffer abschmecken.
Durch ein Sieb streichen, in die ISI-Flasche einfüllen, die Patrone aufschrauben und die Flasche kräftig schütteln. Sechs Stunden kühlen.

Rindfleischsalat

Zutaten:
250 g gekochtes Rindfleisch
80 g Paprikaschoten, entkernt,
100 g Essiggurken
1 Zwiebel, feingehackt
Salz
Pfeffer

Rindfleisch, Paprika und Essiggurken würfelig schneiden, mit Salz und Pfeffer würzen und mit Essiggurken-Espuma binden.

Schluss mit dem Bio-Blödsinn

Kultur ist und bleibt nun einmal das Gegenteil von Natur.

Egon FRIEDELL
Österreichischer Schriftsteller und Kulturhistoriker
1878–1938

Wir sind uns sicher: Auch Sie kennen Bernd und Jennifer. Mit großer Wahrscheinlichkeit sind Ihnen beide schon auf Facebook oder Twitter untergekommen. Möglicherweise unter einem anderen Namen; denn Typen wie Bernd und Jennifer posten regelmäßig, aber eben meist, indem sie Nicknames verwenden.

Bernd stammt aus Thüringen in der ehemaligen DDR und Jennifer aus dem Alpenvorland in der ehemaligen österreichisch-ungarischen Monarchie. Beide haben irgendwann so um 1980 das Licht einer Welt erblickt, die ihnen seither immer etwas schuldig geblieben ist.

Was auch wiederum kein Wunder ist, denn diese Welt wird von links-grünen Dunkelmächten regiert, die hauptsächlich aus vom Mossad unterstützten, muselmanischen Feministinnen und Freimaurern mit Migrationshintergrund bestehen.

Jennifer und Bernd glauben der von dieser Weltverschwörungsregierung engagierten Lügenpresse natürlich kein Wort. Denn beide wissen nur zu gut, dass es keinen Klimawandel gibt, sehr wohl aber giftige Chemtrails. Es ist ihnen „tausendprozentig klar wie Kloßbrühe", dass die Amis niemals auf dem Mond waren, dafür aber die Nazis seit 1944 am Südpol eine Raketenbasis namens „Neuschwabenland" betreiben.

Und beide haben ein feines Gespür dafür, wie man sogenannte „Systemtrotteln" erkennt: nämlich daran, dass diese statt dem Dativ dauernd „das Genitiv" benutzen und „jeden Wenn-Satz die Würde nehmen wollen".

Jennifer erkennt in linken Terroristinnen die größte Gefahr der Gegenwart, vor allem in Greta Thunberg und „Omas gegen rechts".

Bernd wiederum sieht sich unmittelbar durch die Legalisierung der von ihm so genannten „Homo-Ehe" auf das Furchtbarste bedroht. Natürlich ist er noch mehr dagegen, dass gleichgeschlechtliche Paare Kinder adoptieren dürfen; nur bei Frau Alice Weidel findet er das „völlig okay", denn die ist ja Fraktionschefin der AfD.

Politische Zentralgefährdung für die abendländische Zivilisation, als deren strahlende Exponenten sich die beiden sehen, ist natürlich die Zuwanderung.

Jennifer hat das in einem Facebook-Beitrag so formuliert: „Das Schlimmste an den Flüchtlingen ist, dass sie die Kultur, vor der sie geflohen sind, zu uns mitbringen." Zahllose „Likes" waren die Folge; natürlich auch eines von Bernd.

Ja, da ziehen Jennifer sowie ihre „Likerinnen" und „Liker" eine bittere Lehre aus der jüngeren Geschichte: Denn alle Dissidenten, die im Kalten Krieg aus der Tschechoslowakei, Ungarn oder der DDR in den Westen geflohen sind, haben bei uns sofort den Kommunismus eingeführt.

Besonders lächerlich aber finden Bernd und Jennifer das Gendern. Denn das tückische Binnen-I verschandelt ja ganz furchtbar die Sprache, die beide so meisterlich beherrschen.

Den größten Betrug der Gegenwart aber erkennen sie im sogenannten „Bio-Wahn".

„Meine Großmutter", so postete Bernd, „ist vorgestern 96 Jahre alt geworden! Und sie hat in ihrem ganzen Leben kein einzigstes Mal ein Bio-Ei gegessen!"

Schon vor geraumer Zeit wusste Jennifer Ähnliches über ihren Opa zu berichten, als dieser in ungebrochener geistiger Frische seinen 87er feierte. Der knorrige Landmann sei schon in den 1970er-Jahren ein „Early Adopter" des später in Misskredit geratenen österreichischen Glykolweines gewesen. Darüber hinaus habe er in seinem idyllischen Obstgarten schon als ganz junger Bursche im ewigen Krieg zwischen Menschen und Insekten chemische Waffen wie DDT und artverwandte Erzeugnisse eingesetzt. Und er hat – so Jennifer stolz – ohne mit der Wimper zu zucken, die besprühten Maschanker-Äpfel genauso wie die nicht minder besprühten Ananas-Erdbeeren mit großem Genuss verzehrt.

Das flüchtige Abwaschen der Früchte mit Wasser aus dem Hausbrunnen führte dabei wohl kaum zu einer relevanten Reduktion der Insektizide. Es verlieh dem Obstgenuss aber zweifelsfrei einen zusätzlichen Herausforderungs-Kick durch die Nitrate, die in ihm bis heute enthalten sind.

Jennifer und Bernd sind sich sicher: Die Oma des einen und der Opa der anderen hätten niemals so lange gelebt, wären sie solche Weicheier gewesen wie die heutigen Bio-Fresser. Vor lauter Angst, sich irgendwo vergiften zu können, wären sie an ihrer eigenen Feigheit längst zugrunde gegangen. Die Alpenvorländerin Jennifer kennt zur Untermauerung dieser These eine alte Bauernregel aus ihrer engeren Heimat: „Z' tot gfurchten is a gsturbn!"

Der in der Grundschule noch in der DDR teil-sozialisierte Bernd zitiert gar den Philosophen Ernst Bloch, in dessen reichem Schaffen sich auch eine sinngemäße Übersetzung ebendieser Bauernregel befindet, die da lautet:

„Wer sich nicht in Gefahr begibt, der kommt darin um!"

Beide – Jennifer genauso wie Bernd – sehnen sich zurück in jene Tage, als ihre Eltern noch Kinder und ihre Großeltern die vitalen Exponenten jener Wiederaufbaugeneration waren, die offenbar in Ost und West ganz ähnlich empfand.

Während Freddy Quinn und Karel Gott im Hintergrund sangen, betete man damals zwei Stehsätze herunter: „Was wir gerade zusammengedroschen haben, das bauen wir jetzt schöner und besser auf, als es je zuvor bestanden hat. Und dann wird es unseren Kindern noch besser gehen, als es uns heute dank Gottes, respektive Lenins Hilfe ohnehin schon geht!"

Und in diese optimistischen Zeiten sehnen sich Jennifer und Bernd zurück. Beide überlegen sich, Gaststätten zu gründen, die das Flair dieser fantastischen Epoche widerspiegeln.

Als Angehörige ihrer irregeleitenden 68er- respektive Bündnis 90er-Elterngeneration spüren wir eine Verpflichtung, ihnen dabei zu helfen.

Zum Beispiel durch den folgenden Text, mit dem man ein solches „ostalgisches" oder „westwirtschaftswunder-nostalgisches" Gasthaus textlich präsentieren könnte; wir orientieren uns dabei an Jennifers Umfeld.

Bernd wird es aber ein Leichtes sein, mit minimalen Änderungen aus dem Folgenden einen probaten Werbetext für seine „Walter-Ulbricht-Gedenkkneipe" zu basteln.

Wir aber kehren wieder in den Westen zurück. In jene himmlischen Tage, als er noch goldig war.

Essen wie zu Omas Zeiten

Sehr verehrte Gäste! In unserem Landgasthof „Zu den Goldenen Wirtschaftswunderjahren" erleben Sie einmalige Geschmacksbomben wie zu Omas Zeiten!

Gleich nachdem Sie den mit nostalgiebraunem Linoleum ausgelegten Fußboden unserer Gaststube betreten haben, wird es Ihnen schlagartig warm ums Herz. Denn die gesamte geschmackvolle Einrichtung ist kompromisslos und stilsicher in spätem Resopal gehalten!

Lediglich die Art-Déco-Deckenleuchten aus der Zeit der Wiener Werkstätten sind beredte Zeugen des tragischen Schicksals unseres Urgroßvaters: Offensichtlich war er in diesen dunklen Zeiten gezwungen, die Bürde einer aktiven Arisierung auf sich zu nehmen, um dieses Wirtshaus den Klauen der reichsdeutschen Konkurrenz zu entreißen.

Doch kaum hatten er und meine Urgroßmutter die Nazi-Tyrannei abgeschüttelt, machten sie auch schon – zusammen mit meinen Großeltern – das Beste daraus: ein Mittelding aus urigem Beisl und moderner Backhendlstation, so wie es der Zeitgeist des Wiederaufbaus damals verlangte.

Und wir, werte Gäste, haben das nun in mühevoller Kleinarbeit wieder so revitalisiert, dass wir Sie perfekt in die gastronomische Blüte der Wirtschaftswunderjahre zurückversetzen können. In eine Zeit also, in der es hierzulande noch keine Gault-Millau-, dafür umso mehr Pudel- und Trockenhauben gab. Auch das fette Michelin-Männchen verlieh damals noch keine Sterne, sondern verkaufte Reifen. Und mit diesen konnte man sich keinen Stern ausleihen, sondern bestenfalls einen reißen. Nämlich dann, wenn einer der Reifen platzte.

Aber zurück in unser Landgasthaus.

Liebe Dame, lieber Herr, schließen Sie die Augen, genießen Sie diese atemraubende, wunderbare Atmosphäre. Ihre Nase wird sogleich zügig von der durch die geschlossenen Kunststofffenster einströmenden Landluft würzig umspielt. Diese vielversprechende Geruchs-Ouvertüre steigert sich in Sekundenschnelle geradezu crescendo-artig zu einer olfaktorischen Explosion. Denn der frischwindige Misthaufenduft paart sich unversehens mit einer durch die offene Küchentüre behäbig hereinschlendernden Schweineschmalz-Geruchswolke. Diesem Schmalz merkt man an, dass es nicht zum ersten Mal erhitzt wurde. Es ist kein Frittier-Neuling. In den letzten Wochen vergoldete es nicht nur die Panade von Champignons, Kalbs- und Schweinsschnitzeln, sondern auch die von Fischstäbchen.

Womit wir beim zentralen Thema wären.

Denn es ist naturgemäß nicht nur das Ambiente, mit dem sich ein Lokal das begehrte Prädikat „Essen wie zu Omas Zeiten" verdient; es sind auch nicht die Toilettenanlagen mit ihren wunderschönen, undichten Spülkästen und dem fein geteerten Pissoir – nein. Es geht natürlich ausschließlich und in erster Linie um die traditionsbewusste Qualität des Essens.

Und so gehen wir in medias resi, wie man das damals gerne launig auszudrücken pflegte.

Beginnen wir mit dem Anfang, dem heute vielfach üblichen „Gruß aus der Küche". Dieser hat hier natürlich gar nix verloren, denn er ist eine Erfindung der dekadenten 1980er-Jahre. Aus unserer Küche schallt Ihnen lediglich ein knorriges „Griaß Gott!" entgegen. Und schon stöckelt die liebenswürdig lispelnde, bedirndlte Kellnerin heran und verteilt die Speisekarten.

Hierin sind jene Köstlichkeiten verzeichnet, die wir hier kurz und bündig zusammengefasst präsentieren.

Beginnen wir mit dem Anfang.

Unsere Suppenvielfalt ist KNORR- und MAGGI-zertifiziert. Das heißt, kein noch so kleines Stück Rindfleisch, kein noch so kleines Hühnerknöchelchen wurden von unserem Küchenchef mitgekocht.

Bei uns ist Ehrlichkeit Trumpf!

Im Landgasthof „Zu den Goldenen Wirtschaftswunderjahren" wird Würfelsuppe pur gereicht. Kein natürlicher Zusatz verfälscht den vollen Geschmack des wunderbaren Granulats und damit den Charakter dieses Klassikers. Auch alle unsere Suppeneinlagen – vom Leber- bis zum Grießknödel – stammen aus erlesener Industriefertigung. Sie kommen taufrisch aus der Tiefkühltruhe direkt auf den Tisch. Nur das Eingetropfte machen wir nolens volens selbst. Allerdings verwenden wir hierfür ausschließlich Hühnereier aus ukrainischen Legebatterien. Gottlob sind diese dort noch dem eisernen Zugriff der EU-Bürokraten entzogen.

Nun aber zu den Hauptgerichten. Die Feld- und Gartenfrüchte für unsere Gemüsebeilagen und Obstdesserts sind allesamt aus kontrolliert dynamischem, nichtbiologischem Anbau und tragen das begehrte „Monsanto"-Gütesiegel.

Unser gesamtes Fleisch- und Geflügelangebot stammt selbstverständlich aus geprüfter Massentierhaltung. Alle unsere Lieferanten sind mindestens einmal bereits von „Vier Pfoten" oder einer vergleichbaren Tierschutzorganisation angezeigt worden. Dank der Überlastung unserer Justiz ist aber mit dem Beginn dieser Prozesse erst nach dem Überschreiten der Verjährungsfristen zu rechnen.

Aus unserem Fleisch- und Geflügelangebot können wir Ihnen drei wunderbare Highlights empfehlen. Besonders den Damen legen wir unser Traditions-Wiener Schnitzel ans Herz. Neben der Gaumenfreude gibt es hier noch einen Sekundärnutzen: Unser Kalbfleisch enthält derart viel Östrogen, dass Sie die Antibabypille eine Zeitlang getrost absetzen können.

Ein Zusatzfeature – wie man heute sagt – verspricht auch unsere Empfehlung für die Herren der Schöpfung. Das scharf gewürzte Doppelgrillkotelett bringt nicht nur satte 450 Gramm auf die Waage. Sein Genuss wird den gestressten Mann von Welt unverzüglich in eine wunderbar ausgeglichene Stimmung versetzen. Denn unsere fleischigen Siebzehnrippenschweine sind solche Nerverln, dass sie den Transport vom landwirtschaftlichen Industriebetrieb zum Schlachthof nicht ohne Herzinfarkt überstehen würden. Also gibt ihnen der verantwortungsbewusste

Landwirt zum Abschied noch rasch ein Spritzerl. Das beruhigt die Schweinderln so sehr, dass sie angstfrei und frohsinnig quiekend ihrer finalen Bestimmung entgegenrollen können. Selbstverständlich wirken die Inhaltsstoffe dieses Spritzerls noch ein wenig nach. Also wird der frohe Gast mit einem seligen Lächeln auf den Lippen den Digestif in Form eines selbst gebrannten doppelten Obstlers gut gelaunt einnehmen.

Absoluter Familienhit bei den Hauptgerichten ist aber unser legendäres Backhuhn. Bei der 60plus-Generation erweckt sein Genuss ganz herrliche Kindheitserinnerungen. Denn das Hühnerfleisch hat eine besonders bezaubernde zusätzliche Geschmacksnote, die man am besten so beschreibt: angesiedelt zwischen frischem Saibling und schon ausgereiftem Spiegelkarpfen.

Das kommt daher, dass unsere glücklichen Henderln genauso gemästet werden wie Anfang der 1960er-Jahre, nämlich mit Fischmehl.

Apropos Fischmehl – das führt uns zum Schluss und damit zu den Köstlichkeiten für unsere kleinen Gäste. Da gibt es einmal für die etwas größeren Kleinen unseren Fischstäbchenteller „Fluch der Karibik" – industriell vorpaniert, tiefgekühlt, wobei die Kühlkette wiederholt sorgsam und aromafördernd durchbrochen wurde. Schließlich werden die Stäbchen sorgfältig von unserem Küchenchef persönlich in der Pfanne zügig aufgetaut. Dazu gibt es Pommes aus dem Tiefkühlsack – herrlich dunkelbraun wiedererweckt in Omis legendenumwobener Fritteuse – sie stammt aus der Zeit der Kuba-Krise. Aber sie funktioniert noch immer genauso schlecht wie am ersten Tag – damals konnte man sich eben noch auf stabile Nachhaltigkeit verlassen.

Für die kleinen Zuckergoscherln haben wir den „Hänsel-und-Gretel-Teller" – einen süßen Scheiterhaufen, auf dem symbolisch eine kleine alte Hexe aus Marzipan verbrannt wird. Das gibt immer ein Bombenhallo bei den Kleinen.

Und last, but not least: Freuen Sie sich auf unsere Desserts! Denn wir legen großen Wert darauf, dass sie alle politisch unkorrekte Namen haben:

"Zigeunerschnitten", "Mohr im Hemd" und "Indianer mit Schlag"! Ab nächster Woche kommt dann auch noch der "Besoffene Kapuziner" dazu.
Wir freuen uns auf Ihren geschätzten Besuch!

Nun ja. Wir denken nicht, dass wir dem obigen Text den Nachsatz "Das war satirisch gemeint!" hinzufügen müssen.
Das muss man nur auf Twitter. Sonst gibt's dort einen Shitstorm.

Ein Rezept – allerdings in neuzeitlicher Variante – wollen wir diesem Kapitel aber dennoch anfügen:
Wir nennen es "Fluch der Karibik 2". Es handelt sich dabei also um Fischstäbchen. Aber um ordentliche.

Fischstäbchen "Fluch der Karibik 2"

Zutaten:
600 g Skrei-Filets (Skrei = Winterkabeljau)
2 Bio-Eier
glattes Mehl
Semmelbrösel
1 Bio-Zitrone
helle Sojasoße
Sesamöl, geröstet
Salz und Pfeffer
Erdnussöl zum Frittieren

Die Filets mit der Fischpinzette von noch vorhandenen Gräten befreien und mit Zitronensaft, Salz, Pfeffer kräftig und mit Sesamöl und Sojasoße sparsam würzen.
Mit Folie abdecken und für eine Stunde in den Kühlschrank legen.
Dann die Filets in etwa fünf cm breite Stäbchen schneiden – sie können je nach Filetgröße dann wohl auch gelegentlich Quadrate werden.

Wie Wiener Schnitzel in Mehl, verquirltem Ei und Semmelbröseln panieren.
In passender (= nicht zu kleiner!) Pfanne bei mittlerer Einstellung Erdnussöl heiß werden lassen, die legendäre Zahnstocher-Probe machen, Fischstäbchen einlegen und bei einmaligem Wenden ca. fünf Minuten lang backen.
Die goldgelben Stäbchen auf Küchenpapier ordentlich abtropfen lassen.
Dazu passt vieles – beispielsweise selbst gemachte Pommes, Gurken- oder Erdäpfelsalat.

Anmerkung zu der legendären Zahnstocher-Probe: Zahnstocher mit der Spitze in das Frittier-Fett tauchen – wenn sich zügig lustige Bläschen rund ums Holz bilden, dann hinein mit dem Frittiergut.
Wie alle traditionellen Hausfrauentricks ist auch die legendäre Zahnstocher-Probe in der Literatur sehr umstritten – wir aber haben überwiegend gute Erfahrungen damit gemacht.

From Nose to Tail – von vorn bis hinten

*Es gibt keinen schlechten Teil vom Tier,
nur unpassende Zubereitung.*

Max STIEGL
Österreichisch-slowenischer Koch und Gastronom
geb. 1980

Neben fanatischen Steak-Puristen, entfesselten Anti-Bio-Ideologen und sich mit dem göttlichen Schöpfungswillen einig fühlenden Veganern gibt es auch eine Gruppe, die uns wirklich sympathisch ist. Es handelt sich dabei um Menschen, die auf Fleischgenuss nicht verzichten wollen. Die es aber auch satthaben, dass Tiere nach einem leidvollen Leben geschlachtet werden, nur, um an ihre Filet-Stücke heranzukommen.

Immer mehr ausgezeichnete Köchinnen und Köche spezialisieren sich bereits seit geraumer Zeit wieder darauf, fast *alles* vom Rind, Schwein, Kalb, Lamm oder Geflügel kulinarisch zu verwerten. Da jeder Trend heutzutage einen knackigen Slogan braucht, überschreibt man diesen mit „From Nose to Tail" – also „Von der Nase bis zum Schwanz".

Fetzt nicht wirklich und beschreibt auch nicht alles, was dahintersteckt.

Denn neben der möglichst umfänglichen Verwertung fordern die Exponentinnen dieses Trends wie auch ihre männlichen Pendants, eine artgerechte Form der Haltung unserer Nutztiere. Das bedeutet vor allem eine Freiland- beziehungsweise Weidehaltung. Wie wir mit Erstaunen feststellen mussten, scheint das Label „BIO" eine solche keineswegs zu garantieren. Es sichert nur zu, dass die Tiere mit BIO-Nahrung *gefüttert* wurden.

So wurde uns das jedenfalls erklärt.

Sollte dem tatsächlich so sein, möchten wir unsererseits festhalten: Wir halten es für wichtiger, dass ein Henderl zeitlebens, wenn es Lust dazu verspürt, über Wiesen wandeln darf, als dass es mit von Hand abgeperlten Kukuruzkörnderln aus biologisch-dynamischem Anbau gefüttert wird – und dabei immer im Hühnerstall eingesperrt bleibt.

Ähnliches gilt natürlich auch für Ente, Gans, Lamm, Rind und Schwein. Und auch für all jene anderen, die uns jetzt nicht gleich eingefallen sind.

Noch einmal: Gerade all jene, die gerne Fleisch essen, sollten sich für artgerechte Tierhaltung einsetzen!

Von der Nase bis zum Schwanz – die Rezepte, die wir nun präsentieren wollen, sind a) nicht von einem Tier, sondern von mehreren und wir lassen b) die häufig verwendeten Teile weg.

Es gibt im Folgenden also keine Schnitzel- oder Steak-Rezepte, dafür einiges, was Sie oder Ihre Freunde vielleicht noch nie gegessen haben.

Seien Sie lieb und flexibel – schauen Sie sich das Ganze an – und kochen Sie doch schlicht und einfach das eine oder andere nach.

Wir beginnen – nein, nicht mit dem Saurüssel! – mit den äußerst delikaten Schweinsbackerln, zu denen wir Specklinsen und Semmelknödel empfehlen. Und wir enden tatsächlich mit dem Schwanz, nämlich dem vom Rind, sprich: dem Ochsenschlepp. Aus den dazwischenliegenden Teilen empfehlen wir exemplarisch vom Lamm den Hals und vom Kalb die Nieren.

Gedünstete Schweinsbackerln

Zutaten:
8 Schweinsbackerln, pariert
Schmalz oder Erdnussöl
1 Zwiebel, feingehackt
1 Knoblauchzehe, feingehackt
150 g Wurzelwerk, kleinwürfelig geschnitten (Karotte, gelbe Rübe, Sellerie)
¼ l dunkles Bier
¼ l Gemüsesuppe

Backerln in Schmalz oder Öl rundum forciert anbraten und aus der Pfanne nehmen. Im restlichen Fett Zwiebel goldgelb anrösten, dann herausnehmen. Wenn nötig, Fett in die Pfanne geben und Wurzelwerk und Knoblauch langsam farbegebend rösten. Mit der Gemüsesuppe und der Hälfte des Bieres ablöschen.
Zwiebel und Schweinsbackerln wieder einlegen und zugedeckt circa zwei Stunden dünsten. Dazwischen verdunstete Flüssigkeit mit Bier und Gemüsesuppe ergänzen.
Sobald die Backerln weich sind, werden sie herausgenommen, Saft und Gemüse mit dem Stabmixer zu einer Sauce verbunden. Die Backerln werden gesalzen und gepfeffert, die Sauce ebenfalls abgeschmeckt.
Alles wird gemeinsam noch einmal erhitzt und dann mit Linsenbeilage und Semmelknödeln serviert.

Linsen mit Speck

Zutaten:
250 g Tellerlinsen
Rapsöl
30 g glattes Mehl
1 mittelgroße Zwiebel, feingehackt
½ l Gemüsesuppe
120 g Frühstücksspeck, in kleine Würfel geschnitten
10 Kapern, feingehackt
1 TL Tomatenmark
Majoran
Sardellenpaste
Pfeffer und Salz

Linsen über Nacht in kaltem Wasser einweichen, tags darauf mit frischem Wasser, Salz und Lorbeerblatt zustellen, weich kochen und beiseitestellen.
Mehl in Öl braun rösten, Zwiebel und Tomatenmark beigeben und mitbraten, mit Suppe aufgießen und durchkochen.
Nach zehn Minuten Linsen untermengen, nach weiteren fünf Minu-

ten Majoran und Kapern, dann mit Salz, Pfeffer und Sardellenpaste pikant abschmecken.
Speckwürfel knusprig rösten und dem Linsengericht untermengen.

Semmelknödel

Zutaten:
250 g Semmelwürfel (= Knödelbrot)
60 g Butter
1 mittelgroße Zwiebel, feingehackt
2 dl Milch
3 Eier
2 EL Mehl, universal
1 EL Majoran (getrocknet)
Salz

Zwiebel in Butter hell anschwitzen, Eier und Milch mit dem Schneebesen sorgfältig mischen, alles den Semmelwürfeln beimengen; die Masse einige Minuten „rasten" lassen, dann das Mehl unterheben, mit Salz und Majoran abschmecken.
Mit nassen Händen Knödel formen und in Salzwasser schwach wallend kochen (12 bis 15 Minuten).

Lammhals knusprig gebraten

Zutaten:
4 Scheiben vom ausgelösten Lammhals, à 200 g
3 Knoblauchzehen
1 TL Aniskörner
Thymian
Rosmarin
Salbei
Erdnussöl

1 Stamperl Ouzo zum Flambieren
¹⁄₁₆ l Grüner Veltliner
Pfeffer und Salz
Butter zum Montieren der Sauce

Backofen auf 230° vorheizen.
Knoblauch und Anis im Mörser zerdrücken.
Lammscheiben salzen und pfeffern, auf beiden Seiten forciert anbraten, Ouzo eingießen, anzünden und mit dem Wein ablöschen.
Die Pfanne nun ins Rohr stellen, Knoblauch, Anis und die anderen Gewürze beifügen. Alle zehn Minuten ein wenig Wasser nachgießen.
Nach dreißig Minuten das Fleisch wenden.
Nach weiteren zwanzig Minuten sollte es knusprig braun sein.
Das Fleisch aus der Pfanne heben, den Bratenrückstand mit wenig Wein oder Wasser aufnehmen und kalte Butter einrühren. Das Fleisch in der Sauce noch einmal erwärmen, mit Weißbrot servieren.

Kalbsnieren in Chardonnay

Zutaten:
3 Kalbsnieren, Fettschicht entfernt – bis auf 1,5 cm Rand;
Erdnussöl
2 Schalotten, in feine Ringe geschnitten
1 Knoblauchzehe, zerdrückt
1 TL Kräuter der Provence
¼ l Chardonnay
2 EL Weinbrand (nach Geschmack)
Salz und Pfeffer
eiskalte Butter

Nieren in 1 cm dicke Scheiben schneiden und in Öl zügig braun anbraten, Cognac und die Hälfte des Weins eingießen. Schalotten, Knoblauch und Kräuter beifügen und die Nieren bei kleiner Hitze zwanzig Minuten zugedeckt dünsten lassen, dabei den Rest des Chardonnays nach und nach eingießen.

Nierenscheiben mit Salz und Pfeffer würzen, samt den Zwiebelringen herausnehmen und warm stellen. In den verbleibenden Saft Obers und eiskalte Butter einrühren. Nieren mit Sauce und Reis servieren.

Ochsenschlepp in Rotwein

Zutaten:
2 kg Ochsenschlepp-Scheiben aus dem dicken Teil
1 mittelgroße Zwiebel
120 g Wurzelwerk (Karotte, gelbe Rübe, Sellerie zum gleichen Teilen), geschält und gewürfelt
2 EL Tomatenmark
½ l Rotwein (z. B. Blaufränkischer aus dem Burgenland)
½ l Rindsuppe
1 Lorbeerblatt
10 Pfefferkörner
Thymian
Salz

Ochsenschlepp-Scheiben salzen und in einer geräumigen Pfanne rundum dunkelbraun in Öl anbraten, beiseitestellen. Wurzelwerk und Zwiebel in dem verbliebenen Öl braun rösten, Tomatenmark einrühren, dann mit Rotwein ablöschen – kurz reduzierend einkochen.
Mit Suppe aufgießen, Ochsenschlepp und Gewürze beigeben. Zugedeckt circa drei Stunden dünsten – das Fleisch sollte sich dann leicht vom Knochen lösen lassen. Das Lorbeerblatt entfernen, den Ochsenschlepp herausnehmen und die Sauce samt Gemüse mit dem Stabmixer pürieren und aufkochen lassen. Das Fleisch einlegen, nochmals erhitzen und mit Bandnudeln servieren.

NACH PROMIS BENANNTE GENÜSSE

Du bist niemand, solange dich niemand zitiert.

Ambrose Gwinnett BIERCE
US-amerikanischer Journalist und Satiriker
1842–1914

Es gibt erstaunlich viele Gerichte, die nach prominenten Menschen benannt sind. Bereits nach einem kurzen ersten und oberflächlichen Googeln wird man diesbezüglich mehr als sechzig Mal fündig.

Grundsätzlich lassen sich dabei zwei Gruppen von solchen „Promigerichten" unterscheiden.

Die eine umfasst jene, die nach ihren Schöpfern benannt wurden – also etwa die „Sachertorte" nach Franz Sacher oder die Schildkrötensuppe „Lady Curzon" nach der Baroness Mary Curzon.

Zur zweiten Gruppe wollen wir jene Gerichte zählen, denen man den Namen einer berühmten Persönlichkeit als quasi schmückendes Attribut gegeben hat. Dazu gehören etwa der nach dem ersten deutschen Reichskanzler benannte Bismarckhering oder das nach der australischen Opernsängerin Nellie Melba als „Pfirsich Melba" bekannte Dessert. Dass in diesem Zusammenhang immer wieder Irrtümer auftreten können, ist naheliegend. Ein paar davon seien hier rasch aufgeklärt: Der „Mohr im Hemd" ist ebenso nicht nach Franz Mohr, dem Textdichter von „Stille Nacht, Heilige Nacht", benannt wie auch das „Wiener Schnitzel" nicht nach dem legendären Kabarettautor und Komponisten Hugo Wiener.

Das Chateaubriand hingegen ist nach *dem* Chateaubriand benannt. Und in unseren Breiten ist *das* Chateaubriand wesentlich bekannter als *der* Chateaubriand.

Die Filets der Gegner des Monsieur Bonaparte

*Es kann eine vollkommene Folge nicht
aus einem unvollkommenen Prinzip entspringen.*

François-René de CHATEAUBRIAND
Französischer Dichter der Romantik
1768–1848

Der Chateaubriand hieß mit Vornamen François-René und mit vollem Nachnamen „de Chateaubriand", was ihn eindeutig als Adeligen ausweist. Er war ein französischer Schriftsteller, der sich in seiner Heimat bis heute großer Bekanntheit erfreut. Er gilt dort als Vater der romantischen Literatur. Mit den Aufklärern seiner Zeit lag er in einer Art Dauerclinch. Er sorgte sich um eine „Rehabilitierung des Katholizismus", dessen Lehren und klerikale Praktiken während der Französischen Revolution unter nicht immer sachlicher Dauerkritik standen.

Nach dem Ende der jakobinischen Schreckensherrschaft und der Selbstkrönung Napoleons zum „Kaiser der Franzosen" folgte Chateaubriand der Einladung, die Bonaparte an die im Exil lebenden französischen Adeligen gerichtet hatte: Sie mögen, bittschön, in die Heimat zurückkehren, woselbst man bereit sei, sie willkommen zu heißen. Also übersiedelte der an sich schon massiv heimatverliebte Romantiker vom nebeligen London ins sonnenumflorte Paris. Als dann nach Napoleons Niederlage und Verbannung der Bourbone Ludwig XVIII. den Thron bestiegen hatte, legte Monsieur Chateaubriand für einige Zeit den Federkiel beiseite und trat als Politiker und Diplomat in die Dienste des Königs.

Nach dem neuerlichen Sturz des Herrscherhauses zog er sich ins Privatleben zurück, widmete sich nunmehr wieder voll und ganz der Schreiberei und verzehrte tagtäglich ein etwa sechshundert Gramm schweres, kaum gegartes Filetstück vom Rind, das daraufhin nach ihm benannt wurde.

Der letzte Teil des vorangegangenen Satzes ist natürlich frei erfunden. Denn auch hier gilt leider der für historische Forschungsergebnisse oftmals gültige, volkstümliche Satz: „Nix Genaues weiß man nicht!!"

Aber es gibt dazu immerhin eine schöne Legende.

Diese besagt, Chateaubriands Koch habe während dessen Londoner Exilaufenthalt ein solch obszön großes Filetstück gegrillt, daraufhin das Fleischtrumm mit der Ernte eines ganzen Gemüsegartens umkränzt, um dann zu allem Überfluss auch noch ein halbes Kilo der knusprigsten Pommes frites als Sättigungsbeilage hinzuzufügen. Nachdem der Poet die monströse Portion mit großem Appetit verschlungen, den Küchenchef euphorisch auf beide Wangen geküsst und mit Verve nachgefragt hatte, welchen Namen denn diese kulinarische Köstlichkeit trage, soll der Koch geantwortet haben:

„Das ist ein Chateaubriand!"

Leider gibt es neuzeitliche Koch- und Küchenhistoriker, die gemeinsam mit ihren weiblichen Pendants meist nichts Besseres zu tun haben, als uns die schönsten Märchen zu stehlen. Das tun sie, indem sie auf teuflische Weise anstelle des phantasievoll Narrativen die Eiseskälte des Faktischen setzen. Im konkreten Fall heißt es dann, das „Steak à la Chateaubriand" tauche vor dem Jahre 1850 weder in englischen noch in französischen Kochbüchern auf, seine Existenz sei in dieser Zeit ergo nicht nachweisbar. Der romantische Dichterfürst selbst sei aber bereits 1848 gestorben und habe daher mit an Sicherheit grenzender Wahrscheinlichkeit das nach ihm benannte Rindsfiletstück nie zu Gesicht bekommen.

Sollte dies tatsächlich wahr sein, bedauern wird dies aufrichtig. Denn wir lieben beide dieses herrliche Stück Rindfleisch – zumal dann, wenn es von einer zärtlich totgestreichelten Kuh aus biologischer Landwirtschaft stammt. Und es soll ältere Herrschaften geben, die nichts Besseres zu tun haben, als zu bezeugen, dass der eine oder häufiger noch der andere von uns beiden dieses klassische „Luxusgericht für zwei" mausalleine verzehrt habe.

Aber man soll bekanntlich nicht alles glauben, was einem

über die Essgewohnheiten anderer aufgetischt wird. Wir konnten in diesem Buch schon wiederholt auf Ergebnisse der gastronomischen Forschung hinweisen, die man besser gleich in den Gully geschüttet hätte, anstatt sie den Endverbrauchern unter Schalmeienklängen zu kredenzen.

Es gibt aber naturgemäß küchenhistorische Forschungen, denen wir wenigstens zum Teil freudig großen Glauben schenken – zum Beispiel einigen von jenen, die sich mit dem „Filet Wellington" beschäftigen. Wobei auch hierzu, das sei gleich zu Beginn relativierend angemerkt, viel Unsinn geschrieben wurde. Zum Beispiel jener, dass die Blätterteigummantelung dieses Steaks eine Schweizer Erfindung sei. Selbige soll, so ist es immer wieder nachzulesen, vom Küchenchef Charles Senn anlässlich einer Kochkunstausstellung in Zürich im Jahr 1930 kreiert worden sein. Jüngere Publikationen stellen dies allerdings richtigerweise infrage und meinen: Maître Senn habe lediglich ein traditionelles französisches Rezept ein wenig abgewandelt, und zwar das „Filet de bœuf en croûte". Dies sei bereits ein blätterteigummanteltes Fleischstück gewesen und Senn habe seiner Kreation halt bloß den neuen Namen „Filet Wellington" gegeben.

Unseren gastronomischen Forschungen zufolge ist aber auch das falsch. Maître Senn ist keineswegs der geniale Namensgeber des „Steak Wellington". Denn in der uns vorliegenden Ausgabe des „Wiener Kochbuchs" von Louise Seleskowitz aus dem Jahre 1901 (!!) wird ein in Butterteig gegarter Lungenbraten bereits als „Filet à la *Wellington*" bezeichnet.

Zur finalen Ehrenrettung des Schweizer Maître sei allerdings Folgendes angemerkt:

Beim „Filet à la *Wellington*" unserer hochgeschätzten Wiener Kochartistin Seleskowitz wird das Fleisch vor der Teigummantelung mit dünnen Speckstreifen bedeckt. In der heutzutage üblichen Rezeptur wird es aber – wie auch bei Maître Senn – mit einer Duxelles bestrichen.

Apropos Duxelles: Auch diese Pilzfarce ist nach einem Prominenten benannt. Und zwar nach Nicolas Chalon du Blé,

Marquis d'Uxelles. Dieser war unter dem Sonnenkönig Ludwig XIV. Marschall von Frankreich und diente dessen Enkel Ludwig XV. als Außenminister. Sein Haus-, Hof- und Leibkoch François-Pierre de La Varenne soll diese Pilzfarce kreiert und nach seinem Herrn benannt haben.

Beleg dafür gibt es allerdings keinen.

Doch zurück zum „Filet Wellington". Sein Name bezieht sich natürlich auf den alten britischen Haudegen Arthur Wellesley, Duke of Wellington. Der gilt ja heute allgemein als der große, alleinige Triumphator über Napoleon in dessen finaler Schlacht bei Waterloo. Das war er aber wohl nicht ganz. Denn als Wellingtons Truppen am Nachmittag dieses entscheidenden Gefechtes schwer unter Druck kamen, soll er einen lapidaren Satz gesagt haben: „I want night or Blucher!" Die etwas barocker klingende deutsche Übersetzung dazu lautet: „Ich wünschte, es wäre Nacht oder die Preußen kämen."

Nun, wie man weiß, kamen die Preußen. Sie griffen unter Generalfeldmarschall Gebhart Leberecht Fürst Blücher von Wahlstatt die rechte Flanke der Franzosen an. Damit wurde Wellington entlastet, er konnte selbst in die Offensive gehen und dem armen Napoleon blieb am Ende nur noch St. Helena.

Allerdings hatte Wellington schon vor Waterloo einige Auseinandersetzungen mit den Franzosen gehabt, unter anderem in einer Schlacht nahe der spanischen Stadt Vitoria im Jahre 1813. Dort soll Wellington nach seinem Sieg ein in Teig gehülltes Filetstück verzehrt haben. Das klingt sehr plausibel. Denn mit Fleisch gefüllte Teigtaschen, die sogenannten „Empanadas", gehören zur altspanischen Küchentradition und sind urkundlich bereits im 10. Jahrhundert nachweisbar.

Zwischenresultat: Dem „Steak Wellington", dem wir bisher eine französisch-österreichisch-schweizerische und durch den Namensgeber auch noch britische Komponente zuordnen konnten, fügt sich eine spanische hinzu. Und damit eine, die wahrscheinlich die ältesten Rechte darauf hat.

Jetzt kommt aber jener Teil der *Wellington*-Legende, der uns besonders gut gefällt. In den napoleonischen Kriegen war es allgemein üblich, verletzte Kavallerie-, Artillerie- oder Dragonerpferde zu schlachten. Es darf also mit großer Wahrscheinlichkeit angenommen werden, dass jenes Ursteak-Wellington, das der erfolgreiche Feldherr damals höchst „himself" verzehrt hat, gar kein Rinder-, sondern eben ein Pferdefleischfilet war.

In unserem ständigen Bemühen, wertkonservative Essgewohnheiten zu bewahren und nicht im Nebel der Geschichte verschwinden zu lassen, stammt der delikate Kern des nun folgenden Rezepts des „Filet Wellington" also nicht von Kuh, Ochs oder Stier, sondern vom Rosse.

Wer sich dieses Original gönnen will, sollte daher zügig herausfinden, wo der nächste „Pepi-Hacker" ordiniert, wie der Pferdefleischhauer jedenfalls in Wien seit alters her liebevoll genannt wird.

In nächster Zeit wird hier Qualität durchaus preisgünstig zu haben sein. Denn nach der Amtsenthebung des letzten FPÖ-Innenministers ist nicht davon auszugehen, dass auch der Nachfolger der Schnapsidee einer berittenen Polizei weiter anhängen wird.

Es darf also wohl durchaus mit einem Überangebot an Pferdefleisch gerechnet werden.

All jene, die es für geschmacksverirrt oder schlicht unethisch halten, geliebte Reittiere zu verspeisen, können im folgenden Rezept natürlich ohne Weiteres das Pferde- durch Rindfleisch ersetzen, und damit erprobter Konvention frönen.

Filet Wellington (Old-School-Style)

Zutaten:
800 g Pferdefilet, vom Pepi-Hacker ihres Vertrauens,
oder dieselbe Menge Rinderfilet
1 Schweinsnetz
300 g Fertig-Blätterteig
2 verquirlte Eier zum Bestreichen
Salz und Pfeffer

Duxelles: 150 g braune Champignons
50 g Schalotten oder Jungzwiebeln
1 Zitrone, Salz und Pfeffer, etwas gehackte Petersilie
Erdnussöl

Backrohr auf 200° Ober- und Unterhitze vorheizen.
Filet parieren, also von Fett und Häutchen befreien.
Schweinsnetz wässern und ausgerollt abtrocknen lassen.
Für die Duxelles die Champignons unter Rühren in Erdnussöl scharf anbraten, sofort mit Salz und Pfeffer würzen.
Nach circa zwei Minuten die Schalotten oder Jungzwiebeln beifügen und anschwitzen, weiterrühren, Hitze reduzieren;
nach circa fünf Minuten sollte das Wasser verdampft sein – wenn nicht, Flüssigkeit einfach abgießen.
Zitronensaft und Petersilie beifügen, abschmecken und wenn nötig nachwürzen. Duxelles beiseitestellen.
Filet in einer Pfanne (Edelstahl oder Gusseisen) in heißem Erdnussöl von allen Seiten scharf anbraten und bei Zimmertemperatur erkalten lassen.
Fertig-Blätterteig auf einem Nudelbrett ausrollen, das Schweinsnetz auf den Teig legen. Darauf die Duxelles einen halben Zentimeter hoch ausstreichen.
Das Filet daraufsetzen und einrollen. Zuerst die Enden mit Ei bestreichen, dann verschließen. Mit der Teignahtstelle unten auf ein mit Backpapier belegtes Backblech legen und nun den gesamten Teig mit Ei bestreichen.
Für 30 bis 40 Minuten ins Backrohr schieben.
Im ausgeschalteten Ofen bei halb geöffneter Backrohrtür noch 20 Minuten rasten lassen.

Bella Venezia oder: Bar jeder Innovation

Never sit at a table when you can stand at the bar.
Bestelle nie einen Tisch, wenn du noch an der Bar stehen kannst.

Ernest HEMINGWAY
US-amerikanischer Schriftsteller
1899–1961

Eine recht originelle Art, eigene kulinarische Kreationen mit den Namen prominenter Persönlichkeiten zu verbinden, fand Giuseppe Cipriani, der legendäre Gründer von „Harry's Bar" in Venedig. Also – genauer gesagt: Er war nicht der *einzige* Gründer. Da gab es ja noch diesen interessanten Harry Pickering. Der stammte angeblich aus Boston und angeblich aus einer stinkreichen Familie.

Nachdem wir nun schon zweimal in kurzem Abstand „angeblich" geschrieben haben, wissen Sie sicher bereits, dass wir uns wieder einmal mitten in einer Legende befinden. Da es langweilig ist, dauernd „angeblich" zu schreiben, tun wir einfach so, als ob diese Gründungsgeschichte wirklich wahr wäre.

Also: Wir befinden uns am Ende der 1920er-Jahre. Der junge und reiche Harry Pickering macht einen ausgedehnten Urlaub im „Hotel Europa" in Venedig. Begleitet wird er von seiner nicht mehr ganz so jungen und auch nicht ganz so reichen, aber durchaus attraktiven und wohlhabenden Tante. Beide sind allabendlich Stammgäste in der Hotelbar, wo der junge und charmante Giuseppe Cipriani als Barkeeper tätig ist. Die Tante und ihr Neffe frönen ganz gern dem Cocktailgenuss und geizen nicht mit Trinkgeld. Über Venedig lacht die Sonne. Und Mussolinis Schwarzhemden ziehen nicht brüllend über die Asphaltstraßen, weil es solche in der Lagunenstadt ja gottlob nicht gibt. Alles scheint eitel Wonne. Doch dann beginnen plötzlich für Harry die Gondeln Trauer zu tragen. Denn die Tante hat sich mit einem Latin Lover über die Häuser gehaut, besser gesagt: über die Palazzi, um im venezianischen Bild zu bleiben.

Nun trifft es Millionärssöhnchen im Regelfall nicht allzu

sehr, wenn ältliche Tanten, die man ihnen als familiäre Kontrollorgane beigestellt hat, sich aufgrund eines leidenschaftlichen Aufwallens aus dem Staub machen. Aber in diesem Fall war die Tante offensichtlich auch so etwas wie die „Hüterin des Schatzes"; also jener Apanage, welche die Bostoner Patrizierfamilie dem jungen Harry für seinen Europatrip zugestanden hatte.

Bullshit!, wird sich Harry gedacht haben. No aunt, no money!

Und bei einem Glas Leitungswasser klagte er dem Barkeeper sein Leid. Mit begrenzten Mitteln komme man nicht zurück ins Land der unbegrenzten Möglichkeiten, sagte Harry, den Tränen nahe. Und er habe kein Geld, um die Schiffsreise nach Amerika zu bezahlen.

Damit beginnt der erste Akt dieses wunderschönen Märchens.

Denn ohne zu zögern gibt der gutherzige Barkeeper all sein Erspartes diesem Harry. Der nimmt flugs das Geld und macht sich von dannen. Freilich hat er vorher dem braven Giuseppe tausend heilige Eide geschworen, dass er zeitnah zurückkommen werde, um das Ausgeborgte mit Zins und Zinseszins zurückzuerstatten.

Lachhaft, nicht wahr?

Würden Sie einem verwöhnten amerikanischen Rotzlöffel, der noch dazu angeblich „Pickering" heißt, Ihr gesamtes Erspartes leihen? Wir würden das sicher nicht tun.

Und wir vermuten auch, dass Donna Cipriani, Giuseppes junge Gemahlin, dem herzensguten Barmann nicht ausschließlich Freundlichkeiten an den Kopf geworfen hat.

Doch sie irrte, und wir irrten auch.

Wir schreiben das Jahr 1931. Der Frühling ist da und in unserem Märchen beginnt der zweite Akt.

Die Rahmenbedingungen sehen nicht gut aus. Seit dem Börsenkrach von 1929 strebt die Weltwirtschaftskrise auf ihren Höhepunkt zu. Auch Italien bleibt von den Auswirkungen nicht verschont, obwohl Herr Mussolini im Radio tagtäglich brüllend das Gegenteil behauptet. Aber Giuseppe Cipriani hat seinen Job in der Bar noch nicht verloren.

Und eines Abends kommt Harry herein.

Er zückt die Brieftasche. Und er überreicht dem Freund ein Vielfaches dessen, was dieser ihm geliehen hat.

Dazu sagt er so etwas Ähnliches wie:

„Joe! Du hattest doch immer einen Traum. Du wolltest hier in Venedig eine eigene Bar eröffnen. Nimm dieses Geld und mach es! Ich für meinen Teil habe nur eine Bedingung: Du musst die Bar nach mir nennen."

Und weil Gründungslegenden immer glücklich enden, geschieht das, was geschehen muss.

Am 31. Mai 1931 eröffnet Giuseppe Cipriani westlich des Markusplatzes in der Calle Vallaresso 1323 „Harry's Bar".

Der Rest ist, wie man so schön sagt, Geschichte.

Nach dem Ende des Zweiten Weltkriegs entdeckt nach der venezianischen Upperclass auch die internationale Prominenz Ciprianis Etablissement, das weit mehr ist als ein blendend geführter Barbetrieb. Durch seine innovative Brillanz gelingt es dem Besitzer, die Bar zu einem Restaurant und dieses dann zu einem weltweit bekannten Gourmettempel zu machen.

In den späten 1940er- und 1950er-Jahren zählen neben vielen lokalen Größen auch Maria Callas, Peggy Guggenheim, Charlie Chaplin, Orson Welles und Alfred Hitchcock zu den Stammgästen. Ernest Hemingway setzte Harry's Bar in seinem 1950 erschienen Roman „Across the River and into the Trees" ein literarisches Denkmal.

Und man kann bis heute in Harry's Bar Filmstars und Intellektuelle treffen. Erwin und Fritz etwa spielten dort im Zuge der Recherchen für dieses Buch während der letzten Biennale gegen Brad Pitt und Leonardo di Caprio einen Bauernschnapser. Wir gewannen haushoch, weil Nicole Kidman für uns den Kiebitz machte.

So. Jetzt ist es aber hoch an der Zeit, zu dem zurückzukehren, was wir weiter oben angerissen haben – zur originellen Namensgebung, für die sich Signore Cipriani bei seinen beiden berühmtesten Kreationen entschieden hat.

1948 entwickelte er einen der inzwischen längst weltweit bekanntesten Cocktails, indem er pro Glas einen halben weißfleischigen Pfirsich pürierte und mit Prosecco aufmixte.

Weil ihn die Farbe des Drinks, die man am ehesten als „Altrosa mit einem Schuss Orange" beschreiben kann, an eine häufig von Giovanni Bellini verwendete Farbe erinnerte, nannte er den Cocktail „Bellini".

Giovanni Bellini (1437–1516) gilt als einer der Begründer der venezianischen Malerschule der Frührenaissance. Kein Geringerer als Albrecht Dürer bezeichnete ihn als „den besten Maler" der damaligen Zeit. Bellini hat eine ganze Reihe prominenter Maler direkt oder indirekt beeinflusst, darunter etwa auch Tizian (1488–1576) oder Vittore Carpaccio (1465–1525).

Richtig! Das Stichwort ist gefallen.

„Carpaccio" ist die zweite kulinarische Großtat des Padrone von Harry's Bar, die ihn wohl für immer und ewig in die historische Weltliga der kulinarischen Erfinder katapultiert hat.

Dazu gibt es natürlich auch eine hübsche Anekdote.

Diesmal schreiben wir das Jahr 1950. Contessa Amalia Nani Mocenigo, weiblicher Spross venezianischen Uradels und Stammkundin von Harry's Bar, stürmt völlig aufgelöst zu nachmittäglicher Stunde herein. Sie lässt sich auf einem Sessel nieder und fächelt sich Luft zu. Sie tut dies mit einem Fächer, der in etwa so viel gekostet hat wie ein nagelneuer Fiat Topolino.

Die Contessa atmet schwer und verlangt nach dem Padrone. Der ist gerade beim Pfirsichpürieren, einer Tätigkeit, von der er sich leichten Herzens trennt. Ergo eilt er sofort herbei.

„Stellen Sie sich vor!", beginnt die Gräfin ihre Suada, „der Dottore ist verrückt geworden! Er verlangt von mir, dass ich rohes Fleisch esse! Nicht einmal mein Hund isst rohes Fleisch!"

Das präzise Nachfragen von Signore Cipriani führt schließlich dazu, dass sich das Wortpuzzle zu einem Bild formt:

Der Arzt der Contessa hat bei ihr Anämie festgestellt. Als therapeutische Maßnahme zur Bildung von roten Blutkörperchen schlägt er den Genuss von rohem Fleisch vor. In einem leicht hysterisch wirkenden Empörungsanfall meint sie, sie könne kein rohes Fleisch essen, da sie keine Hunnin sei und auch kein Interesse daran habe, eine zu werden.

„Signore Cipriani!", fährt sie flehentlich fort. „Sehen Sie irgendeine Möglichkeit, für mich rohes Fleisch so zuzubereiten, dass es einen zivilisierten Eindruck auf mich und die anderen Gäste macht?"

Er werde sein Möglichstes tun, erwidert der Padrone.

Wenige Tage später ist es dann so weit.

Contessa Amalia vergießt Tränen der Begeisterung, nachdem sie diese neue Kreation, dieses „Carpaccio", verzehrt hat. Den Namen soll Cipriani einmal mehr aus Farbengründen ausgewählt haben: Das leuchtende Rot des frischen und hauchdünn geschnittenen Rindfilets habe ihn an eine der häufig verwendeten Farben des alten Meisters erinnert, wird er später immer wieder beteuern.

Für das „Carpaccio" ist also eigentlich die Farbe entscheidend.

Inzwischen wurde das längst umgedeutet. Denn inzwischen heißt alles und jedes, das halbwegs dünn aufgeschnitten ist, Carpaccio. In unserer Kochbuchsammlung finden sich unter anderem Blunzen-, Schweinsbraten-, Kalbstafelspitz-, aber auch Lachsforellen-, Seeteufel- und Thunfisch-Carpaccios sonder Zahl.

Aber auch die Rinder-Carpaccios werden heute meist in kreativ weiterentwickelter Form angeboten: Da wird das Fleisch mit Öl und Aceto Balsamico mariniert, Parmesan darüber gehobelt, gemörserte Pinienkerne und Rucola dazugetan.

Schmeckt alles gut, wenn frische, erstklassige Zutaten verwendet werden.

Wir aber wollen hier ein dem Erfindergedanken möglichst nahes Carpaccio-Rezept vorschlagen. Und dazu gleich vorneweg noch etwas Wichtiges anmerken.

Laut Arrigo Cipriano, dem Sohn des Harry's Bar-Gründers, wird für das Original kein Rindsfilet verwendet, wiewohl Arrigo das durchgehen lässt, ohne von Gotteslästerung zu sprechen. Das Originalfleisch stamme aus der „Shell of beef", wie er in seinem nur in englischer Sprache erhältlichen Kochbuch verkündet.

Wörtlich übersetzt ist das die „Schale vom Rind".

Nach höchst intensiven Recherchen meinen wir, dass dem, was Cipriano meint, am ehesten die sogenannte „Oberschale" entspricht, in der Wiener Küchensprache auch gerne als „Schwarzes Scherzel" bezeichnet.

Carpaccio (Old-School-Style)

Zutaten:
400 g Schwarzes Scherzel oder Rinderfilet
Salz und weißer Pfeffer aus der Mühle

Die Zutaten für knapp einen Viertelliter Sauce:
185 ml Olivenöl-Mayonnaise
1–2 TL Worcestershire-Sauce (nach Geschmack)
1 TL frisch gepresster Zitronensaft
2–3 EL Milch
Salz und frisch geriebener weißer Pfeffer

Das Rindfleisch gut gekühlt aus dem Kühlschrank nehmen. Mit der Schneidemaschine in 1 mm dicke Scheiben schneiden und wieder in den Kühlschrank stellen.

Die Zutaten für die Sauce fein mixen – dabei so viel Milch zugeben, dass die Sauce an einem Holzlöffel gerade noch ein wenig haften bleibt. (Das sagt Maestro Cipriani. Dazu ergänzend sagt die praktische Erfahrung: zu wenig Milch ist besser als zu viel.)

Fleisch aus dem Kühlschrank nehmen, überlappend auf Teller legen, salzen und pfeffern.

Die Sauce in einen Spritzsack füllen und damit ein gitterförmiges Muster über jede Fleischportion legen.

Die Küchenkompositionen des Opern-Tycoons

Falsche Gewürze tun ebenso weh wie falsche Töne.

Gioacchino ROSSINI
Italienischer Komponist
1792–1868

Unsere grundsätzliche Einteilung der Promirezepte in solche, die nach ihren Schöpfern benannt wurden, und die anderen, die nach berühmten Persönlichkeiten heißen, ist bei einer Person nicht eindeutig anwendbar:

Gioacchino Rossini war der Superstar unter den Opernkomponisten seiner Zeit. Er war – wie man heute sagen würde – ein Workaholic, der einen Hit nach dem anderen komponierte. Bis er schließlich erst 40-jährig seinen Beruf aufgab und begann, in seiner Wahlheimat Paris ein sorgenfreies Leben zu führen. Er hatte genug verdient, um sich das leisten zu können. Was ihm in den Folgejahren noch zusätzlich an Tantiemen aus der Musikwelt zufloss, hätte ihm zweifelsfrei ein unbeschwertes Dasein als Faulpelz ermöglicht. Doch Rossini war offenbar nicht nur ein Genie des Musikdramas. Er sah sich vielmehr auch als „lernenden Feinschmecker", der Geschmackserlebnisse kreieren und interessante Harmoniefolgen in der zweiten Lebenshälfte nicht mehr auf dem Klavier, sondern auf dem Küchenherd ausprobieren wollte. Schon seine Zeitgenossen sahen in ihm nicht nur einen gottbegnadeten Komponisten, sondern auch einen brillanten Koch.

Es ist also kein Wunder, dass viele Gerichte bis heute seinen Namen tragen: So gibt es etwa das „Risotto alla Rossini" mit Steinpilzen und Rindermark und eine ganze Reihe von Speisenkombinationen mit Gänseleber und Trüffel, die den Beinamen „à la Rossini" oder „alla Rossini" führen. Wie viele davon er selbst entwickelt hat, oder aber von einem seiner angestellten

Köche erfunden wurden, das ist aus den uns zur Verfügung stehenden Quellen nicht ersichtlich.

Die wohl berühmteste „Rossini"-Speise, die nach ihm benannten Tournedos, werden allerdings urheberrechtlich definitiv *nicht* ihm zugeordnet. Schöpfer dieses für Kantinen und Heurigenbetriebe völlig ungeeigneten Gerichtes ist vermutlich ein gewisser Casimir Moisson. Der war Chefkoch des „Maison Dorée", eines Gourmettempels, der 1841 seine Pforten öffnete, und zu dessen betuchten Stammgästen der sinnenfrohe italienische Maestro zählte.

Dass die „Tournedos Rossini" für Kantinen und Heurigenbetriebe keine geeignete Speise sind, das liegt an den sauteuren Zutaten. Neben Filet Mignon sind dies Trüffel, Gänseleber und Madeirasauce.

Übrigens scheint Rossini die Kombination von Geflügel und Trüffel überaus geliebt zu haben. Denn im Herbst seines Lebens ließ er sich zu einem Geständnis hinreißen, das darauf schließen lässt. Dabei stellte der Maestro fest, dass er in seinem Leben nur dreimal geweint habe.

Zum ersten Mal, als seine erste Oper durchgefallen war, das zweite Mal, als er das zu Tränen rührende Violinspiel des Virtuosen Paganini erstmalig hören durfte, und das dritte Mal, als bei einem Bootspicknick, an dem er teilgenommen hatte, durch ein Missgeschick ein getrüffelter Truthahn über Bord gegangen war.

Bei welcher dieser drei Gelegenheiten sein Tränenstrom am größten war, ist nicht überliefert.

Überliefern können wir allerdings eine sehr schmackhafte Variante des schon erwähnten „Risotto alla Rossini".

Risotto alla Rossini

Zutaten:
300 g Canaroli-Risottoreis
1 l Gemüse-, Rind- oder Geflügelsuppe
50 g ausgelöstes Rindermark

400 g Steinpilze, geputzt
300 g Fleischtomaten, geschält, entkernt und in grobe Würfel geschnitten
der weiße Teil einer Frühlingszwiebel, feingehackt
1 Stange Sellerie, geschält und in kleine Würfel geschnitten
2 Eidotter
⅛ l trockener Weißwein
etwas Butter
Salz und Pfeffer
ca. 100 g geriebener Parmesan
Olivenöl
1 Zitrone

Die Suppe erhitzen und warm halten.
Die Stiele der Steinpilze von den Köpfen trennen.
Die Stiele fein hacken, die Köpfe in Scheiben schneiden.
In einer Pfanne Öl erhitzen, zuerst die Stielstücke einige Minuten unter Rühren heiß braten, mit Salz, Pfeffer und Zitronensaft abschmecken, dann mit den Steinpilzköpfen genauso verfahren.
In einem geräumigen Topf, am besten aus Gusseisen, Selleriewürfel und Frühlingszwiebel in Öl anschwitzen, ohne die Zwiebel Farbe nehmen zu lassen, dann das Rindermark beigeben und kurz mitrösten lassen.
Den Reis und eine Prise Salz beigeben, ebenfalls kurz anrösten und schließlich mit dem Weißwein ablöschen.
Rühren, bis der Reis die Flüssigkeit vollständig aufgesogen hat. Den ersten Schöpfer Suppe eingießen, die gewürfelten Fleischtomaten und die Stielstücke der Steinpilze hinzufügen. Den Risotto beständig rühren.
Wenn der Reis die Flüssigkeit aufgesogen hat, den nächsten Schöpfer Suppe eingießen und weiterrühren.
Diesen Vorgang so lange wiederholen, bis der Reis „al dente" ist.
(Nach circa 20 Minuten diesbezüglich eine erste Kostprobe machen.)
Dann die in Scheiben geschnittenen Steinpilzköpfe hinzufügen, alles durchrühren.
Den Topf vom Feuer nehmen, die beiden Eidotter mit dem Parmesan abrühren und gemeinsam mit dem Butterstück zügig in den Risotto einrühren. Noch einmal abschmecken und wenn nötig nachwürzen.
Zugedeckt noch ein paar Minuten ruhen lassen, dann servieren.

Kerngesund

*Ein Mensch gibt an: Er esse gerne
abends Kirschen samt der Kerne.
Dies sei gesund und mache hart
nach echter, deutscher Mannesart.
Man lebe lang, ohne Verdruss
nach solchem kernigen Genuss.
Dann hört man, er sei eingenickt
und an 'nem Kirschenkern erstickt.*

Wir danken Eugen Roth (1885–1976) für die Basisidee zu diesem Gedicht sowie für zahllose beispielhafte Textvorlagen.
Vor allem aber danken wir ihm dafür, dass er – im Gegensatz zu den meisten seiner damaligen Kolleginnen und Kollegen – die Tätigkeit als „heiterer Truppenbetreuer" während der NS-Zeit später sehr kritisch reflektiert hat.

Die Suppe der Lady

*Alles, was auf dem Fleischmarkt verkauft wird,
das esst und forscht nicht nach,
damit ihr euer Gewissen nicht beschweret.*

APOSTEL PAULUS, Brief an die Korinther

In einem der großen deutschsprachigen Kochforen im Internet brach vor geraumer Zeit ein heftig geführter Streit aus. Dies war in der Tat erstaunlich. Denn in Internet-Kochforen herrscht üblicherweise ein geradezu spätromantischer Umgangston. Da werden Psalmen auf die steirische Klachelsuppe und den westfälischen Schmortopf gesungen, der spätstalinistische DDR-Broiler wird als ultimatives Kunstwerk der Hähnchenverarbeitung gefeiert und der Wachauer Marillenknödel zum Gedicht erklärt.

Auch die meisten Pseudonyme der Kochforen-Teilnehmerinnen sind betont nicht aggressiv. Da wimmelt es nur so von „Gänseblümchen", „Rosenmädchen", „Puzzis" und „Schneckchen".

Männliche Kochfreaks nennen sich gerne „Kuschel-" oder auch „Brummbär", gelegentlich auch „Löffelmann" oder „Schürzenträger". Natürlich gibt es auch immer wieder Grill-Freaks, die sich Namen geben, die ihrer Tätigkeit und dem daraus resultierenden Outfit und Aussehen entsprechen. Die nennen sich dann „Fireball-Ferdl", „Overgrill-Otto" oder „Basti, der Burner" und preisen ihr ganz persönliches *Porterhouse-, T-Bone- oder Sirloin-Steak* an, wobei diese Rezepte alle einander sehr ähnlich sind:

Fleischgewicht mindestens eineinhalb Kilo für zwei Personen, Grilltemperatur 850°, Garungsdauer dreißig Sekunden pro Seite. Das garantiert einen Karamellisierungseffekt auf der Oberfläche, der nahe an der Totalverbrennung liegt. Dafür spritzt dem Connaisseur beim ersten Anschnitt aus dem Kern des Steaks ein Schwall kaltes Ochsenblut entgegen.

Wer so etwas mag, ist also binnen Kurzem ebenso begeistert wie blutüberströmt. Aber selbst diese „Grandmasters of Hardcore-Barbecue" befleißigen sich im Kochforum einer durchaus feinsinnigen, ja geradezu liebevollen Sprache.

„Danke, Gänseblümchen, dass du mein extra-scharfes Flank-Steak nachgegrillt hast und das Resultat auch aufgegessen hast, obwohl du geschrieben hast, dass du eigentlich gefunden hast, dass wirklich gut nur die Braterdapferln waren. War sehr lieb von dir. Danke, Basti, der Burner."

Oder auch:

„Clever, Schürzenträger, dass du die Schürze auch beim Essen getragen hast. Dadurch ist dein Smoking-Hemd blitzsauber geblieben, gelle? Herzlich grüßt dich dein Overgrill-Otto."

Kurz zusammengefasst: In einer Welt, die immer mehr zum Polarisieren tendiert, sind Kochforen die letzten Bastionen des liebevollen und toleranten sprachlichen Miteinander.

Was aber hat in dem Fall, der uns hier interessiert, die gartenlaubenartige Kochforumidylle binnen Kurzem zertrümmert? Es war der Rezeptvorschlag eines Forumsmitglieds. Dieser wertkonservative Hobbykoch – wir wollen ihm den Nickname „Turtle-Börtl" geben – hatte die Zubereitungsanleitung für ein traditionsreiches Juwel der an solchen Preziosen nicht überreichen englischen Küche ins Netz gestellt:

„Schildkrötensuppe nach Art der Lady Curzon"

Das Administratorenteam des Kochforums reagierte blitzschnell und sperrte im Handumdrehen diesen Rezeptvorschlag.

Nachdem der Einsender einen geharnischten Protest wider die ihm widerfahrene Zensur losgedonnert hatte, erwiderte eine Administratorin aus dem gleichnamigen Team in höchst moderaten Worten:

„Jetzt sieh das doch mal ganz locker, Turtle-Börtl! Wir mussten dein Rezept streichen! Und zwar aus ethischen wie auch aus juridischen Gründen. Denn unseres Wissens nach ist es in Deutschland verboten, Schildkröten kulinarisch zu verwerten. Wir halten dieses Verbot aber auch für durchaus sinnvoll, zumal diese armen, panzertragenden Kreaturen ja eine vom Austerben bedrohte Art sind. Denk mal in aller Ruhe darüber nach, ja? Liebe Grüße, Wibke."

Turtle-Börtl dachte darüber nach und kam zu folgendem Schluss:

Selbst wenn es nun so wäre, dass ein solches Verbot tatsächlich in Deutschland existiere, so sei dies im vorliegenden Fall ohne Relevanz. Denn er könne sich, wie jeder andere wertkonservative Hobbykoch auch, via Internet allenthalben die für die Suppe notwendigen toten Schildkrötenteile in konservierter Form international auf völlig legalem Wege beschaffen.

Was nun den Vorwurf des Ethikverstoßes beträfe, fügte Turtle-Börtl hinzu, entbehre dieser erst recht jeder sachlichen Grundlage. Denn eine für die Suppenherstellung infrage kommende Schildkrötenart würde man seit Längerem mit großem Erfolg in Deutschland züchten. Von einem Aussterben könne also gar keine Rede sein. Im Gegenteil: Ein breites Wiederaufleben des Schildkrötensuppenkonsums würde die Zucht dieser Tiere noch attraktiver machen – und damit sei ja wohl die Nachhaltigkeit der Arterhaltung zusätzlich abgesichert.

Daraufhin erhob sich ein Shitstorm, der erst abebbte, als sich Turtle-Börtl schmollend aus dem Kochforum verabschiedet hatte. In seinem letzten Eintrag drohte er, einen eigenen YouTube-Kanal für „tabuloses Kochen" gründen zu wollen.

Doch das wurde gar nicht mehr kommentiert.

Von den davor eingegangen Forum-Beiträgen seien exemplarisch drei zitiert:

„Meine Zwillinge Sarah und Justin haben vier ganz entzückende Schildkrötenbabys. Ich musste gestern den ganzen Vormittag weinen. Denn ich hab mir vorgestellt, dass unser süßes kleines Panzer-Quartett von einer seelenlosen Bestie in einen Topf mit siedendem Wasser geworfen wird!"

Das schrieb „Küchenfee" aus Pforzheim. Und „Schokobienchen" aus Darmstadt ergänzte:

„Was muss das für ein Mensch sein, der Tiere essen will, die so traurige Augen haben?"

Direkt darauf antwortete aus Baden bei Wien „Dankward, der Veget-Arier":

„Dieser Turtle-Börtl ist eindeutig ein schwuler Islamist. Die planen die Ausrottung der heimatlichen Schildkrötenpopulation! Diese soll sukzessive durch Migrationsschildkröten aus Asien und Afrika ersetzt werden! Der ‚Große Austausch' hat bereits begonnen!"

Dieser Beitrag wurde allerdings auch gelöscht. Administratorin Wibke stellte abschließend fest:

„Wir bedauern, dass Turtle-Börtl uns verlassen hat. Aber sein Argument mit der Zucht ist nicht stichhaltig. Denn wie schon viele hier gemeint haben: Die Schildkröten werden hierzulande nicht als Schlachttiere, sondern als Spielkameraden und Kuscheltiere gezüchtet!"

Damit war der Konflikt beendet.

Was soll man dazu sagen?

Nun ja – man könnte sagen: Auch Rindskälber haben traurige Augen. Und die lustigen frei laufenden Bioferkel werden von Biobauernkindern, die heute nicht mehr Seppl und Zenzi, sondern eher Marcel und Laura heißen, auch oft und gerne als geliebte Spielkameraden gesehen. Trotzdem haben „Küchenfee" und „Schokobienchen" sicher schon das eine oder andere Kalbfleisch- oder Spanferkelrezept im Kochforum geteilt.

Das könnten wir sagen. Wir sagen es aber nicht.

Denn wir wollen auf gar keinen Fall als Befürworter eines Revivals der Schildkrötensuppe gelten! Schon gar nicht, seitdem wir bei der von uns an sich sehr geschätzten, klassischen „Wiener Kochbuch"-Autorin Louise Seleskowitz ein Rezept für eine solche Suppe entdeckt haben.

Darin heißt es unter anderem:

„Man verwendet hierzu zwei mittelgroße Schildkröten, und zwar legt man sie auf einen Tisch, legt eine kleine glühende Schaufel auf den Rücken einer jeden, worauf die Schildkröte den Kopf und die Füße von sich strecken wird, die man bei großen Thieren (den Kopf zuerst), mit einer Hacke schnell abschlägt, bei kleinen mit einer Schere oder Zange rasch abzwickt."

Ja, richtig: Das reicht! Mehr wollen wir gar nicht wissen.

Zum einen aus tier-ethischen Gründen. Zum andern, weil die

gute Louise Seleskowitz hier ja gar nicht die Suppe der Lady Curzon beschrieben haben kann. Denn die Lady war bei der 1879 herausgegebenen Erstauflage des „Wiener Kochbuchs" gerade erst neun Jahre alt. Frau Seleskowitz beschreibt wohl eher eine Schildkrötensuppe „Wiener Art", die allerdings später aus den regionalen Kochbüchern spurlos verschwunden ist. Gott sei Dank!

Wer aber war Lady Curzon? Was bewog sie, ausgerechnet eine Suppe zu entwickeln, die bis heute die Gemüter erhitzt?

Mary Victoria Leiter wurde 1870 in der US-amerikanischen Schlachthausmetropole Chicago in eine großbürgerliche US-amerikanische Familie hineingeboren. Als sie elf Jahre alt war, übersiedelte man in die Hauptstadt Washington. Mary erhielt Unterricht in den sogenannten schönen Künsten – aber auch in unschönen wie etwa Mathematik und Chemie.

Als Mitglied der Washingtoner High Society wurde sie bei einem Englandbesuch vom dort akkreditierten US-Botschafter mit den Spitzen der Londoner Gesellschaft bekannt gemacht. Dabei lernte sie den elf Jahre älteren, damals 35-jährigen Sir George Nathaniel Curzon kennen. Der war nicht nur von Adel, sondern auch Unterhausabgeordneter der Konservativen und als glühender Imperialist geradezu geschaffen für die von ihm angestrebte Tätigkeit im diplomatischen Dienst des damaligen Empires.

Es war wahrscheinlich Liebe auf den ersten Blick – denn Mary und George heirateten schon wenige Monate nach ihrer ersten Begegnung. So wurde aus der bürgerlichen Amerikanerin eine englische Lady. Das war aber noch nicht der Gipfel des adeligen Aufstiegs der Mary Victoria Leiter.

Denn ihr George erklomm zügig die Karriereleiter. Und zur Zeit der Wende des 19. ins 20. Jahrhundert bedeutete „Karriere" im Dienste der Britischen Krone etwas anderes als heute. Damals mussten sich Eaton- und Cambridge-Absolventen im diplomatischen Dienst noch nicht an portugiesische Sozis, deutsche Ossis und ungarische Rechtspopulisten anbiedern, um den Brexit halbwegs erträglich ablaufen zu lassen. Damals war „The British Empire", frei übersetzt „das Britische Weltreich", noch voll intakt – „Britannia ruled the Sea".

Und Lord Curzon wurde Vizekönig von Indien.

Nun konnte man als Frau damals aus der Tatsache, dass der Göttergatte zum Vizekönig aufgestiegen war, selbst auch gewisse Vorteile ziehen:

zum einen den, dass man oder besser: frau gewissermaßen automatisch Vizekönigin wurde. Und ein solcher Rang war naturgemäß auch mit einer Reihe von Auszeichnungen verbunden. Und diese – Vorteil Nummer zwei – steigerten das Sozialprestige. Auch in der Geburtsstadt Chicago. So republikanisch geprägt konnten die Gemahlinnen und Töchter der dort ansässigen Großfleischhauer gar nicht sein, dass sie nicht vor Neid erblasst wären. Denn selbstverständlich berichtete auch die Chicagoer Klatschpresse ausführlich darüber, welche Orden König Edward VII. der ehemaligen „Leiter-Mary" und nunmehrigen Vizekönigin Lady Curzon verliehen hatte:

Den „Dame Grand Cross of the Royal Victorian Order", den „Order of the Indian Empire" und auch noch den „Order of the Star of India".

Mochten auf den Diademen der Chicagoer Fleischhauer-Prinzessinnen auch noch so viele Brillanten glitzern – gegen den imperialen Glanz eines britischen Ladyordens wirkten sie dagegen nur wie Flitter-Insignien einer sich wichtigmachenden, neureichen Proletenhaftigkeit.

Allerdings hatte der Job einer Vizekönigin auch Nachteile. Dazu gehörte zweifelsfrei, dass man pausenlos Empfänge geben und ergo dafür Bankette ausrichten musste. Dies erfordert diplomatisches Fingerspitzengefühl und auch kulinarische Kompetenz. Über beides soll Lady Curzon im Übermaß verfügt haben. Davon ausgehend ranken sich auch zwei Legenden um die Schöpfung der nach der Lady benannten Suppe. Und beide haben einen charakteristischen Rezeptbestandteil im Fokus – den Sherry. Diesen in den „besseren Kreisen" Englands seit dem 18. Jahrhundert höchst beliebten spanischen Wein soll Lady Curzon ihrer Suppe je nach Legende aus demselben Grund, aber aus unterschiedlichen Motiven beigefügt haben:

Legende eins meint, sie habe den Wein in die Suppe geschüttet, um ihre Alkoholsucht zu camouflieren.

Legende zwei wiederum behauptet, bei einem Empfang für muslimische Würdenträger sei ein alkoholfreies Dinner unerlässlich erschienen. Die schlaue Lady habe daraufhin beschlossen, den Sherry in die Suppe zu gießen, um es den Muselmanen einerseits recht zu tun, andererseits aber auch die alkoholsüchtigen europäischen Diplomaten vor einem Delirium zu bewahren.

Beides ist natürlich unsinnig – und zwar aus zwei Gründen:

Grund eins: Kein alkoholsüchtiger europäischer Diplomat und schon gar nicht sein weibliches Pendant, zumal wenn selbiges in der Position einer Vizekönigin steht, würde sich wachen Auges einem Abstinenzrisiko aussetzen. Beide führten selbstverständlich ein silbernes Flachmännchen mit sich, vollgefüllt mit einem Edelbrand eigener Wahl – er in der Innentasche seines Smokings, sie im Handtäschchen. In Minuten höchster Abstinenznot würden beide dann jenes Örtchen aufsuchen, welches ausgerechnet von den Amis mit dem vornehmen Begriff „restroom" umschrieben wird. Dortselbst würden sich dann Lady Ambassador wie auch der Herr Botschafter den Baileys oder den Obstler hineinpfeifen. Daraufhin beruhigte sich dann ebenso zügig wie erwartungsgemäß das Nervensystem.

Grund zwei: Wie immer geartete Alkoholsucht durch Beifügen wie immer geartete alkoholischer Getränke in Speisen befriedigen zu wollen, ist dann unmöglich, wenn diese Speisen einem Garungsvorgang unterzogen werden, der die Hundert-Grad-Celsius-Grenze übersteigt. In einem solchen Fall verflüchtigt sich bekannterweise der Alkohol. Und die Schildkrötensuppe ist nun einmal keine Kaltschale, sondern wird ordentlich gekocht.

Hätte Lady Curzon also das erreichen wollen, was ihr in beiden Legenden unterstellt wird, so hätte sie eher eine Malakofftorte bereiten sollen. Denn bei dieser wird der Alkoholgehalt der Rumbeigabe durch keinen störenden Kochvorgang reduziert.

Nachdem wir drei Stücke Malakofftorte gegessen haben, verraten wir nun das Originalrezept der „Lady Curzon Turtle Soup"!

Nein. Wir verraten natürlich *nicht* das Originalrezept auch nur irgendeiner Schildkrötensuppe. Aber dennoch können wir etwas Spannendes und lange nicht mehr Gelesenes anbieten. Denn seit es in den Kochbüchern vergangener Jahrzehnte die *echten* Schildkrötensuppenrezepte gab, wurden in denselben Kochbüchern Rezepte für *falschen* Schildkrötensuppen abgedruckt. Interessant daran ist, dass sich die falschen von den echten nicht dadurch unterschieden, dass die Zutaten ein wenig anders waren, nein:

Den falschen fehlte die entscheidende Hauptzutat einer Schildkrötensuppe, nämlich die Schildkröte.

Die unzähligen Abarten dieser „Mock Turtle Soup" nehmen in den Annalen britischer Kochkunst einen bedeutenden Platz ein. Aber auch heimische Koch-Titanen des 20. Jahrhunderts stellten ihre Version einer „Falschen Schildkrötensuppe" vor.

Darunter waren auch Hans Ziegenbein und Julius Eckel, deren „Was koche ich heute?" zu den Klassikern der österreichischen Kochbuchliteratur der Zwischenkriegszeit zählt.

Das Werk erfuhr übrigens 2002 eine Neuauflage, von der wir umgehend zwei Exemplare erwarben.

Auf dem Rezept „Klare falsche Schildkrötensuppe" dieser beiden Spitzenköche basiert unser einfacher, aber schmackhafter Vorschlag.

Falsche Schildkrötensuppe

Zutaten:
250 g gepresster Kalbskopf (vom Fleischhauer ihres Vertrauens)
½ Kilo feingehackte Kalbsknochen
Wurzelwerk, grob geschnitten: 1 Karotte, 1 gelbe Rübe, ¼ Knolle Sellerie
Erdnussöl
Rosmarin
Majoran
Thymian

8 Pfefferkörner
⅛ l Sherry oder Madeira
150 g braune Champignons, blättrig geschnitten
8 Wachteleier

Erdnussöl in einem geräumigen Topf erhitzen, Kalbsknochen und Wurzelwerk unter beständigem Rühren braun rösten.
Mit 1 ½ Liter Wasser auffüllen, Gewürze beifügen, aufkochen lassen, aufsteigenden Schaum wiederholt abschöpfen, dann zugedeckt auf kleiner Flamme zwei Stunden köcheln lassen.
Den entstandenen Kalbsfond durch ein feines Sieb abseihen, erkalten lassen und entfetten.
Inzwischen die Wachteleier hart kochen, schälen und halbieren.
Den Fond zum Kochen bringen, Sherry oder Madeira zugießen, die Champignons und den gepressten Kalbskopf einlegen und so lange köcheln lassen, bis sich der gallertige Anteil vollständig in der Suppe aufgelöst hat.
Fleisch herausheben, in kleine Stücke schneiden, diese wieder in die Suppe geben und aufkochen lassen.
Topf vom Feuer nehmen. Suppe mit Fleisch und Champignons in Teller füllen, pro Portion vier halbe Wachteleier als zusätzliche Einlage beifügen.

Bismarck ist kein Russe

In schlechten Zeiten ist auch der Hering ein Fisch.

Jüdisches Sprichwort

Otto von Bismarck, der erste deutsche Reichskanzler, erfreute sich zu seinen Lebzeiten auch in Österreich großer Beliebtheit – allerdings nur bei den Deutschnationalen.

So ließ etwa Georg Ritter von Schönerer im weitläufigen Park seines Schlosses Rosenau im Waldviertel drei „Runensteine" aufstellen. „Runensteine" hießen sie deshalb, weil auf ihnen eine Ehrerbietung in diesen altgermanischen Schriftzeichen eingemeißelt war, die lautete: „Heil Bismarck".

Schönerer war militanter Antisemit, Gegner der Habsburger und früher Verfechter eines Anschlusses des deutschsprachigen Teils der Donaumonarchie an das Deutsche Reich. Dies brachte ihm posthum eine jubelnde Erwähnung in einem der größten Bestseller des 20. Jahrhunderts ein.

Denn in „Mein Kampf", einem Buch, das später keiner gelesen haben wollte, schrieb Adolf Hitler, Schönerer sei ihm ein ganz großes Vorbild in der Jugend gewesen – neben Karl Lueger, dem ebenfalls antisemitischen, aber nicht deutschnationalen, sondern christlich-sozialen Bürgermeister von Wien.

Aber bei jenen Österreicherinnen und Österreichern, die nicht der Deutschtümelei huldigten, war Bismarck schlecht angeschrieben. Den österreichischen Monarchisten galt er als Drahtzieher des Krieges Preußens gegen Österreich im Jahr 1866 – und damit als größter Gegenspieler des Hauses Habsburg.

Denn schließlich wurde nach der Niederlage in der Schlacht bei Königgrätz die Donaumonarchie aus dem Deutschen Bund ausgeschlossen. Somit nahm bei der Einigung Deutschlands der preußische König und nicht der österreichische Kaiser die Führungsrolle ein. Die Habsburger, die über fast vierhundert Jahre bis auf eine Ausnahme in ununterbrochener Reihenfolge alle

Kaiser des „Heiligen Römischen Reiches Deutscher Nation" gestellt hatten, standen als deutsche Kaiser bei der neuen Reichsgründung 1871 nicht mehr zur Debatte. Sie wurden von den preußischen Hohenzollern abgelöst.

Die österreichischen Katholiken verabscheuten Bismarck wegen des „Kulturkampfes", den er in den 1870er- und 1880er-Jahren gegen die Päpste Pius IX. und Leo XIII. führte. In dieser Auseinandersetzung ging es dem deutschen Kanzler darum, den Einfluss der Papstkirche auf staatliche Kompetenzen wie Schulwesen oder Ehe- und Familienrecht weitgehend zu reduzieren und insgesamt eine klare Trennung zwischen Kirche und Staat zu verwirklichen.

So sehr die österreichischen Sozialdemokraten in diesem Streitfall auf Bismarcks Seite gestanden haben mögen, so wenig konnten sie akzeptieren, was ihre Genossen von ihm zu erdulden hatten. Denn mit den sogenannten „Sozialistengesetzen" wurden zwischen 1878 und 1890 Aktivitäten von SPD und Gewerkschaften verboten und damit die Mehrheit der deutschen Arbeiterinnen und Arbeiter von demokratischer Partizipation ausgeschlossen.

„So weit, so klar!", erklärt uns die Ernährungsfachfrau Wibke K. aus dem schönen Ostsee-Städtchen Stralsund. Wir sitzen gemeinsam in einer der Wiener Filialen einer norddeutschen Fischrestaurantkette, trinken Rheinriesling und essen Kieler Sprotten, während Wibke fortfährt:

„Die Mehrheit von euch Ösis hat unseren lieben Otto gehasst! Und darum wird bei euch seit jeher der Bismarckhering nicht Bismarckhering, sondern Russe genannt!"

„Aber das stimmt doch gar nicht!", erwidern wir unisono. „Natürlich sind bei uns die delikaten Russen beliebter als die Bismarckheringe. Aber geben tut es bei uns die einen wie die anderen!"

„Nö. Bismarckheringe heißen bei euch Russen!", beharrt Wibke und fügt mit spöttischem Unterton hinzu: „Wenn ihr neunmalklugen Ösis mir als Ernährungsfachfrau mit einschlägigem Fachhochschulabschluss nicht glaubt, dann guckt doch in *Wikipedia* nach – und zwar unter *Bismarckhering*. Habe ich recht, zahlt ihr hier mir das Mittagessen, habt ihr recht, zahle ich das eure!"

Blitzschnell sind die Smartphones gezückt und wenige Augenblicke später ist die Enttäuschung perfekt. Tatsächlich steht im allwissenden Wikipedia unter dem Stichwort „Bismarckhering":

Als **Bismarckhering** (in Österreich *Russen*) werden Heringslappen bezeichnet, die in eine saure Marinade aus Essig, Speiseöl, Zwiebeln, Senfkörnern und Lorbeerblättern eingelegt sind.

Nun ja, es bleibt uns ein schwacher Trost: Wibkes Konsumation – die kleine Portion Kieler Sprossen und das Achterl Weißwein – wird unser Budget gottlob nur in sehr überschaubarem Umfang belasten. Doch auch da irren wir leider. Denn Wibke hat das bisher Verzehrte offensichtlich nur als Appetizer gesehen. Als Hauptgericht gönnt sie sich einen halben Langustenschwanz mit Beilagen. Dazu trinkt sie zwei Stifterl, allerdings vom Champagner. Nachdem wir die Rechnung bezahlt haben, wird uns schmerzlich klar, dass unsere für dieses Buch aus Deutschland zu erwartenden Tantiemen damit bereits aufgebraucht wurden.

Schwerer als dieser Finanzaderlass wiegt für uns aber die Tatsache, dass sie offensichtlich recht hat und wir nicht. So etwas ist ärgerlich. Nun gehören wir beide aber einer Generation an, die Fachleuten und Quellen aller Art nie vertraut hat. Das war schon vor mehr als vierzig Jahren so, als wir gegen alle Expertengutachten die sogenannte „friedliche" Nutzung der Atomenergie für einen gefährlichen Unsinn hielten und bei zahlreichen Demonstrationen gegen das Kernkraftwerk Zwentendorf mitmarschiert sind.

Und quellenkritisch sind wir bis heute geblieben.

Tagelang treiben wir uns daher in Bibliotheken herum, durchstöbern unsere umfangreichen Kochbuchsammlungen aus zwei Jahrhunderten und glauben schließlich, fündig geworden zu sein. Zur finalen Absicherung landen wir aber natürlich wieder bei Wikipedia.

Diesmal wird aber nicht „Bismarckhering", sondern ein anderes Stichwort eingegeben. Dieses heißt „Kronsild".

Dazu meint Wikipedia:

Als **Kronsild, Kronsillinge, Kronsardinen** oder **Russische Sardinen** (in Österreich auch **Russen**) werden junge, in einer Marinade eingelegte Heringe bezeichnet.

Heureka, Sieg und Triumph! Unsere österreichischen Russen sind also Kronsillinge, aber keine Bismarckheringe. Denn der Russe ist ein Junghering, der Bismarck ein erwachsener.

Konfrontiert mit dieser wissenschaftlichen Klarstellung gibt Wibke nicht klein bei, sondern meint nur:

„Gut, ja, mag sein, ist halt ne andere Lehrmeinung."

Als wir ihr aber klarmachen, dass wir die Kosten für ihr Mittagessen nicht zurückfordern wollen, macht sie uns einen netten Vorschlag. Zum einen will sie uns erzählen, warum der Bismarckhering so heißt, wie er heißt, zum anderen will sie uns das Heringssalatrezept ihrer Großmutter verraten.

Aber der Reihe nach.

Laut Wibke gibt es eine Vielzahl von Legenden, die den Namen des Bismarckherings erklären. Doch nur eine sei ihrer Meinung nach hundertprozentig glaubwürdig.

1871, im historischen Jahr der Deutschen Reichsgründung, habe der Stralsunder Baumeister und Fischhändler Johann Wiechmann ein Fässchen voll gefüllt mit von seiner Ehefrau Karoline marinierten Heringen an Bismarck geschickt. Dem Geschenk war ein briefliches Ansuchen beigefügt, diese Delikatesse nach dem Herrn Reichskanzler benennen zu dürfen. Trotz umfänglicher Amtsgeschäfte habe dieser nach der Verkostung per Eilpost diese Genehmigung ebenso verzückt wie auch unverzüglich zustellen lassen.

„Sehr gut!", erwidern wir auf Wibkes enthusiastischen Vortrag. „Somit gibt es also eine eindeutige Beweislage! Wo kann man denn Einsicht in dieses Originalzertifikat des alten Bismarck nehmen?"

„Leider nirgendwo!", erwidert sie betrübt. „Beim Angriff der US-Air-Force auf Stralsund am 6. Oktober 1944 wurde dieses Zertifikat leider zerstört!"

Was nicht zerstört wurde, war allerdings das geheime Originalrezept der Karoline Wiechmann. Und nach ebendiesem bereitet heute noch nach eigenen Angaben die Firma „Fischhandel und Räucherei Henry Rasmus" den „Original Stralsunder Bismarckhering".

Da wir zwei einer Generation angehören, die unglaublich werbekritisch ist, glauben wir zuerst einmal gar nichts. Wir machen die Probe aufs Exempel. Und bestellen uns ein halbes Kilo dieser marinierten Heringe, die wirklich frisch und schön verpackt in der Holzkiste bei uns eintrudeln.

Eine erste Verkostung macht alles klar: Das muss das Original sein – eine ideale Grundlage für den Heringssalat nach dem Rezept von Wibkes Oma!

Bismarckheringssalat

Zutaten:
250 g Rote Rüben (oder „Rote Bete")
200 g säuerliche Äpfel (z. B. Boskop oder Granny Smith)
80 g Schalotten
2 Bismarckheringe
¼ l Sauerrahm
Salz und Pfeffer
Zitronensaft

Die circa eine halbe Stunde gekochten und geschälten Roten Rüben sowie die entkernten und geschälten Äpfel in kleine Würfel schneiden und sofort mit Zitronensaft beträufeln.
Die Schalotten in dünne Scheiben schneiden oder fein hacken.
Die Heringsfilets jeweils in zwei Hälften teilen und in Querstreifen schneiden.
Nun alles durchmischen, mit Salz und Pfeffer würzen und den Sauerrahm darunterheben.
Den Salat zugedeckt über Nacht im Kühlschrank stehen lassen.
Vor dem Servieren noch einmal durchmischen, wenn nötig nachwürzen und servieren.

Die Lehrbuben-Torte

Früh übt sich, wer ein Meister werden will.

Friedrich SCHILLER
Deutscher Dichter, Arzt und Historiker
1759–1805

Wir schreiben das Jahr 1832. Durch die Fenster der weitläufigen Küche des Wiener Palais von Staatskanzler Metternich strahlt die Frühlingsmorgensonne, als Seine Durchlaucht höchstpersönlich in den Niederungen der Essensbereitung auftaucht. Maître Jean, der wahrscheinlich ganz anders heißt, vom Fürsten aber immer nur „Jean" genannt wird, kommandiert in lautstarkem Französisch: „Attention!"

Dann zupft er seine tadellos gestärkte Kochmütze zurecht, bringt sich vor dem Fürsten in Position. Und mit einer Grazie, die man ihm bei seiner Leibesfülle nie und nimmer zugetraut hätte, macht er einen formvollendeten Kratzfuß, der einem Hofopernballetttänzer alle Ehre gemacht hätte.

Rudolf, der Geselle, und Toni, der jüngere der beiden Lehrbuben, versuchen es dem Küchenchef gleichzutun, was zu kläglichen Verrenkungen führt. Der Maître quittiert dies mit tadelnden Blicken. Leider wirken auch Bozena und Marie, die beiden böhmischen Küchenhelferinnen, in ihrer Demutshaltung wenig elegant. Lediglich der 16-jährige Lehrling Franz legt eine ähnlich formvollendete Darbietung hin wie der Maître selbst – was ihm auch unverzüglich ein anerkennendes Lächeln von diesem einbringt. Als der Geselle Rudolf dies sieht, beißt er sich vor Zorn beinahe mit den gut entwickelten oberen Schneidezähnen die Unterlippe wund.

Fürst Clemens Wenzel Lothar von Metternich hingegen macht nur eine gelangweilt abwehrende Geste gegenüber diesem Kratzfuß-Zinnober und sagt dazu mit nasaler Stimme:

„Bitte nicht dieses Demutsgetue! Ich will schwitzende

Domestiken in meiner Küche um mich sehen – und keine Höflinge!"

„Selbstverständlich, Durchlauscht!", erwidert der Maître in französelndem Deutsch, klatscht schallend in die Hände und ruft daraufhin „Vite! Vite!".

Das treibt seine Küchenhelfer sofort an die Arbeitsplätze, wo sie eben unterbrochene Tätigkeiten eilfertig wieder aufnehmen.

Der Fürst aber entnimmt der rechten Außentasche seines Hausjacketts ein Parfumfläschchen mit Quaste und versprüht rings um sich einen feinen Duftregen. Er tut dies wohl in der Absicht, den Küchen-Odeur wie auch die Ausdünstungen des Küchenpersonals zu überdecken, um damit die olfaktorische Belästigung für das fürstliche Riechorgan in erträglichen Grenzen zu halten.

Dann wendet er sich wieder an seinen Koch:

„Jean, morgen empfange ich Gäste. Darunter ist auch ein von mir geförderter Kunstmaler mit seiner charmanten Verlobten. Nun weiß man ja, dass diese Künstler, ganz gleich wie talentiert sie auch sein mögen, so gut wie immer einen Vogel haben. Und darauf, lieber Jean, sollen Sie bei diesem Diner Bezug nehmen."

„Durchlauscht!", erwidert der Maître mit heiterer Miene, „Isch könnte vielleischt ein paar Enten oder Gänse zubereiten, damit sich der Vogel des Malers nicht fühlt so ganz alleine!"

Jean will sein Gesicht zu einem selbstgefälligen Lächeln verziehen, doch er kommt nicht dazu.

„Kolossal spaßig, Jean!" Die Reaktion des Fürsten kommt blitzschnell, scharf – und mit todernster Miene. „Aber mir geht es gar nicht so sehr um das Hauptgericht", fügt er milder hinzu, „als vielmehr um das Dessert!"

„Oui!" Der Maître scheint bemüht, eine Mischung aus kühler Professionalität und serviler Treuherzigkeit ausstrahlen zu wollen, als er mit sonorer Stimme flüstert: „Durchlauscht können davon ausgehen, dass ich beim Dessert mein Allerallerbestes geben werde!"

„Ja, ja!", meint Metternich und sprüht neuerlich ein wenig um sich herum. Dann fügt er hinzu: „Aber ich setze natürlich voraus, dass dann auch beim Hauptgericht nicht herumgepatzt wird, gell?"

„Bien sûr que non, mein Fürst!"

Dieses „Natürlich nicht, mein Fürst!" trägt Maître Jean mit jenem leicht beleidigten Unterton in der Stimme vor, der gelegentlich auch heute noch Hauben- und Sterneköche auszeichnet, wenn sie sich zu selbstverständlichem Tun ermahnt sehen.

Etwa dann, wenn man ihnen mitteilt, man wolle das Chateaubriand nicht „bleu". In einem solchen Fall erwidern die heutigen Küchengötter, jedenfalls dann, wenn sie in Kontinentaleuropa beheimatet sind: Sie würden niemals ein Chateaubriand bleu, rare oder blutig zubereiten. Denn das Verzehren von nicht gegarten Fleischstücken sei nach den Hunnen in den letzten 1500 Jahren ausschließlich weltweit von Angelsachsen propagiert worden. In weiterer Folge schimpfen dann alle EU-Kochlegenden weiblichen wie männlichen Geschlechts auf Jamie Oliver und begrüßen frohen Mutes den Brexit.

Aber wir schweifen ab.

Kehren wir lieber zurück ins Jahr 1832, ins Metternichsche Anwesen am Wiener Rennweg.

„Jean!", sagt hier soeben der Staatskanzler, „mir geht es deshalb in erster Linie um das Dessert, weil der erwähnte Maler und seine charmante Verlobte aus Prag kommen. Sie sind beide Deutschböhmen, wie man so sagt. Na ja – und die Deutschböhmen, aber eigentlich auch die Böhmen ganz allgemein und überhaupt, also auch die tschechischen Böhmen, sie haben alle miteinander einen Riesenvogel! Nicht nur die Maler unter ihnen. Denn alle Böhmen glauben, sie hätten die Nachspeis' an sich weltweit allein erfunden!"

„Dabei waren das wir, die Franzosen!", entschlüpft es dem Maître und einen Augenblick später senkt er den Kopf, den Tadel seines Herrn erwartend.

Doch der Fürst tut so, als hätte er das national selbstbewusste Aufwallen seines Küchenchefs überhört und meint:

„Also, Jean: Machen Sie was Originelles, noch nie Dagewesenes. Etwas, das den Künstler und seine charmante Verlobte aus den Galoschen wirft! Etwas, das den beiden den Vogel aus dem

Hirnkastl-Käfig hinaushaut, um das allgemein verständlich auszudrücken, klar?"

„Ja, Durchlauscht!" Der Maître nickt untertänig.

„Und? Haben Sie schon eine Idee?", fragt der Fürst in freudiger Erwartung.

„Oui! Ich mache eine Crème bavaroise!" Der Maître lächelt selbstgefällig. Doch Metternich sieht ihn entgeistert an und macht eine abwehrende Handbewegung.

„Eine bayrische Creme? Nein, das kommt gar nicht infrage! Das geht aus Gründen der Staatsräson nicht. Das solltest gerade du als Franzose doch wohl am besten wissen, Jean!"

Der Maître sieht den Fürsten verständnislos an.

„Schauen Sie mich nicht an wie ein Maikäfer, wenn es blitzen tut!", meint der Fürst und fügt hinzu: „Die Bayern sind dem Hause Habsburg wiederholt auf die schnödeste Weise in den Rücken gefallen. Immer gemeinsam mit euch, mit den Franzosen. Ich greife nur wahllos zwei Ereignisse heraus: Vor 130 Jahren – spanischer Erbfolgekrieg! Gemeinsam mit euch ist dieses bajuwarische Gesindel gegen Österreich ins Feld gezogen! Bis ihnen dann gottlob unser Prinz Eugen gemeinsam mit dem Herzog von Marlborough in der Schlacht bei Höchstädt ordentlich die Leviten gelesen hat. Und vor 25 Jahren? Na, da haben sie unser Tirol besetzt, die oberbayrischen Lederhosenträger, als Vasallen von eurem Napoleon!"

„Aber ich bitte Sie, Durchlauscht!", erwidert der Maître mit zitternder Stimme. „Sie wissen doch, ich war immer treuer Royalist ..."

Metternich macht eine wegwerfende Handbewegung, lächelt gütig und meint: „Aber Jean, jetzt machen Sie sich doch nicht vor Angst ins Hemd! Das ist doch nichts persönlich gegen Sie, nicht einmal gegen Ihre französischen Landsleute, ich hab nur was gegen die Bayern. Ich mag sie halt nicht – von einigen charmanten Ausnahmen abgesehen. Und, übrigens: Creme – egal welche, möchte ich sowieso keine haben. Eine Torte! Eine Torte, das wär eine kolossale Idee! Eine Torte, so wie sie die Welt noch nie gesehen hat! Lassen Sie sich etwas einfallen, Jean. Und lassen Sie den Franzi, den Lehrbuben, bei der Torten-Realisation mitwirken. Der scheint mir ja ein anstelliger junger Mann zu sein, na ja –

der ganze Herr Papa halt. Adieu dann, allerseits! Und bittschön: nicht zurückgrüßen! Stattdessen: brav weiterarbeiten!" Mit diesen Worten verlässt Fürst Metternich flotten Schritts die Küche. Das Gesicht des Maître aber wird aschfahl. Mit zittriger Hand holt er aus der Hosentasche ein riesiges Seidentuch, mit dem er sich den kalten Schweiß von der Stirne wischt.

Am frühen Abend lässt er Rudolf zu sich in sein Privatzimmer kommen. Dort teilt er ihm mit schwacher Stimme mit, dass er hohes Fieber habe. Und er gibt dem Gesellen den Auftrag, ihn tags darauf beim Galadiner würdig zu vertreten.

Dass ich nicht lach!, denkt Rudolf, während er in sein winziges Dachbodenkabinett zurückkehrt. Der Maître ist doch nicht krank. Der macht sich nur in die Hosen, weil er noch nie eine g'scheite Torte z'ammbracht hat. Jetzt soll ich allein mit den zwei Lehrbuben das Galadiner zubereiten. Kein Problem! Ich werd' mich mit dem Toni um die Suppe, die Vorspeis' und die Hauptspeis' kümmern. Und der Franzi, der Lehrbub, diese goscherte Rotzpippen, den werd' ich für die Nachspeis' einteilen. Der Franzi hat ja eine kolossale Protektion beim Maître und auch beim Fürsten selber. Nur weil er der Bub vom Schlossverwalter ist. Aber mit der Protektion wird's heut Abend vorbei sein. Da wird er sich blamieren, der Blunzenstricker. Weil: Eine g'scheite Tortn bringt der sicher nicht z'amm, der Sacher-Franzi!

Der Rest ist, wie man so schön sagt, Geschichte.

Aber was wäre die Geschichte ohne Geschichten? Die Sachertorte betreffend gibt es dazu eine hochinteressante Anekdote, die wir vor geraumer Zeit schon in unserem Buch „Wir sind super!" veröffentlicht haben.

Daraus – zur Erinnerung – ein kleiner Auszug:

1965 entschied ein Wiener Gericht einen jahrzehntelangen Rechtsstreit der beiden ehemaligen k. u. k. Hoflieferanten Demel und Sacher zugunsten des Letzteren: Nur Sacher dürfe in Hinkunft und für alle Zeiten seiner Kreation die Bezeichnung „Original Sacher Torte" geben. Dem Demel aber wurde das untersagt. Dieser Entscheid der angeblich unbestechlichen Jünger Justitias löste bei eingefleischten Sacherianerinnen und Sacherianern einen Freudentaumel aus, während fanatischen Demeliterinnen und Demelitern

die Zornesadern schwollen. Denn das Urteil ignorierte offensichtlich die Schlüsselaussage eines sehr prominenten Zeugen:
Friedrich Torberg, Schöpfer des „Schüler Gerber" und der „Tante Jolesch", hatte es sich als Stammgast beider Häuser – des Sacher wie des Demel – nicht nehmen lassen, vor den Schranken des Gerichtes zu erscheinen. Und welche eidesstattliche Aussage machte der erfolgreiche Verhinderer einer Einbürgerung Bert Brechts in Österreich und geniale Übersetzer der Satiren Ephraim Kishons?
Zu Lebzeiten Anna Sachers sei die Sachertorte niemals in der Mitte durchgeschnitten und mit Marillenmarmelade gefüllt worden. Ebendiese Durchschneidungs- und Marmeladisierungs-Praxis unterscheidet aber heute – wie auch schon 1965 – das Sacher-Produkt von dem Demels. Demel marmeladisiert nur unter der Kuvertüre, Sacher zusätzlich tortenmittig.
Es ist unschwer zu erkennen, dass hier zwei Schulen aufeinanderprallen. Trotzdem kam es nach diesem umstrittenen Gerichtsurteil nicht zu bürgerkriegsähnlichen Ausschreitungen.
Aber zurück zur Torberg-Aussage: Die 1930 verstorbene Anna Sacher war die Schwiegertochter des eingangs erwähnten Franz Sacher und jahrzehntelang erfolgreiche Patronin des gleichnamigen Hotels. Wenn Torberg recht hat und zu ihren Lebzeiten im Sacher eine der Demel-Sachertorte sehr ähnliche, weil nicht mittig durchschnittene Kreation dem Gast serviert wurde, liegt da nicht der Schluss nahe, dass doch der Demel das originalere Originalrezept besitzt? Zumal ja Eduard Sacher, Franzens Sohn und Annas Ehemann, ehe er zum Hotelier reifte, als Demels Chefzuckerbäcker ebenjene Demel-Sachertorte herstellte? Wir wollen nicht Öl ins Feuer gießen.

Welcher Schreck alle beflissenen Hüter des original Sachertorten-Rezepts gepackt haben muss, als 2007 im „Kurier" die mit „Recept Sachertorte" betitelte „Handschrift der Carla Sacher" erschienen ist, lässt sich nur erahnen. Carla Sacher war mit dem Enkel des Sachertorten-Erfinders Franz Sacher verheiratet gewesen. Und sie hat dieses Rezept von einer langjährig im Hause Sacher tätigen Köchin erhalten und für ihre Enkeltochter Irene Sacher im Jahr 1980 niedergeschrieben.

 Wir zitieren hier dieses Rezept.
 Und enthalten uns jedes weiteren Kommentars.

Sachertorte nach Carla Sacher

Masse für zwei große Torten:
Zutaten:
280 g Butter
280 g Zucker
12 Eidotter und 12 Eiklar
280 g Kochschokolade
220 g glattes Mehl
60 g Kakao
Salz
Marillenmarmelade

Butter mit 80 g Zucker flaumig rühren, Eidotter und die erweichte Schokolade beigeben.
Eiklar zu Schnee schlagen, eine Prise Salz zufügen, 200 g Zucker einrieseln lassen und weiter schlagen, bis der Schnee steif ist.
Das Mehl sieben und mit dem Kakao der Masse unterrühren.
Die Eisenringe mit Papier umwickeln und die Masse einfüllen.
45 Minuten bei 160 bis 170° backen – erkalten lassen, aus den Ringen nehmen, in der Mitte durchschneiden, den Boden mit warmer Marillenmarmelade bestreichen und den oberen Teil daraufsetzen.
Oberfläche und Rand mit sehr heißer Marillenmarmelade bestreichen.

Schokoladenglasur für zwei große Torten:

Zutaten:
750 g Kochschokolade
30 g Kakao
250 g Kristallzucker oder Fondant
Wasser

Schokolade zerkleinern, Kakao, Kristallzucker oder Fondant daruntermischen, 1/8 l Wasser – bei Bedarf etwas mehr – dazugießen und köcheln, bis kleine Fäden gezogen werden können.
Die Sachertorten mit der lippenwarmen Glasur übergießen.

Frühlingserwachen

Der Frühling ist die schönste Zeit,
was kann wohl schöner sein?
Der Schinken schmeckt im Brotteigkleid
zum Osterlämmchen fein.

Am Berghang schmilzt der letzte Schnee,
das Bächlein rauscht zu Tal.
Den Saibling fischt man aus dem See
und aus dem Meer den Wal.

Die Lerchen singen überall,
der Bärlauch grünt im Wald.
Dort hört man auch des Büchsleins Knall,
worauf der Maibock fallt.

Nun schmatzet alles weit und breit
und lacht mit vollem Mund.
Der Frühling ist die schönste Zeit!
Da isst man sich gesund.

Die große deutsche Dichterin Annette von Droste-Hülshoff (1797–1848) hat uns den Frühling schmackhaft gemacht.

MYSTISCHES UND HISTORISCHES

*Enthaltsamkeit ist entweder Liebe zur Gesundheit
oder Unfähigkeit, viel zu essen.*

François DE LA ROCHEFOUCAULD
Französischer Offizier, Diplomat und Schriftsteller
1613–1680

Wie unsere Vorbilder Holmes und Watson sind wir zwei durchaus traditionsbewusst, stehen aber auch dem Geheimnisvoll-Spirituellen zwar kritisch, aber durchaus aufgeschlossen gegenüber.

Somit war uns von vornherein eines schon immer klar: Speisen waren zu allen Zeiten stets mehr als bloß Energiezufuhr für die Reproduktion der menschlichen Leiblichkeit. Sie waren auch Nahrung für die Seele. Und die Auswahl der Speisen unterlag Geboten und Verboten.

Schon die Vertreibung aus dem Paradies war bekanntermaßen die unvermeidliche Folge des Genusses einer verbotenen Frucht. Ein Bissen vom Apfel des Baumes der Erkenntnis reichte, um einen harmonischen Zustand zu beenden, in dem Wölfe mit Schafen sehr gut auskamen. Ganz zu schweigen von dem fröhlichen Miteinander, das die ersten Menschen mit Löwen, Tigern, Gelsen und Wespen pflegten.

Nach dem Apfelbiss war es mit der Idylle schlagartig vorbei – für immer und ewig.

Andererseits beförderte er die Entwicklung der Textilindustrie. Denn im paradiesischen Zustand waren Adam und Eva ja nackend gewesen. Was durchaus nicht zu Erkältungen führte. Zumal das Paradies vermutlich irgendwo in Afrika lag und nicht in Zwettl oder Nowosibirsk, wo die Winter eher streng sind.

Aber – bei aller Trauer um das verlorengegangene Paradies muss man doch eines feststellen: Streben nach Erkenntnis macht das Menschsein aus. Nur dank Eva, die in den Apfel gebissen hat, können wir als Menschen schöpferisch tätig werden. Kein Wunder also, dass das Logo von „Apple-Macintosh" nicht bloß ein *Apfel*, sondern ein *angebissener Apfel* ist.

Gerade als Agnostiker darf man wohl davon ausgehen, dass dieser Fruchtgenuss, der jahrtausendelang als Gotteslästerung galt, durchaus im Sinne des Weltenlenkers war. Denn eine allmächtige und allwissende Schöpfungskraft, wenn es sie denn nun geben mag, kann weder gelästert noch provoziert werden.

Wiewohl ihr alles Menschliche naturgemäß nicht fremd sein kann, so steht sie doch erhaben darüber.

Was die Nahrungsaufnahme betrifft, so haben sich Menschen aller Religionen und Weltanschauungen immer verschiedenste Gebote und Verbote auferlegt. Christen ist an bestimmten Tagen der Fleischkonsum untersagt, Muslime sollen Getränke meiden, die zu Berauschung führen. Und ebenso wie den Angehörigen des mosaischen Glaubens verbietet ihnen ihre Religion den Genuss von Schweinefleisch.

Es ist ohne Zweifel ein Gradmesser für Zivilisation, inwieweit eine Mehrheitsgesellschaft es Minderheiten gestattet, nach eigenen Gebots- und Verbotsregeln zu leben – sofern diese nicht andere bedrohen.

So war es etwa im angeblich so finsteren „Mittelalter" im *muslimisch* regierten Andalusien für Christen möglich, Wein zu keltern und zu trinken. Sie durften auch Schweine züchten, um deren Fleisch zu essen. Sie durften das vermutlich, weil weder das Kalifat von Cordoba noch der Emir von Granada seine Gesellschaft durch weintrinkende und schopfbratenessende Christen bedroht sah.

Im Niederösterreich des 21. Jahrhunderts geht es da ganz anders zu: Erst in jüngerer Zeit wollte hier ein Politiker mit dem stimmigen Namen Waldhäusl eine „Registrierungspflicht" für jene einführen, die koscheres oder halal Fleisch kaufen wollen. Dies hätte eine präzise Auflistung strenggläubiger Juden und Muslime ergeben und all derer, die das eine oder das andere noch werden wollen.

Waldhäusl konnte das nicht durchsetzen. Ein erstaunlicher Sieg der Zivilisation.

Oder war es nur die Angst heimischer christlicher Politikerinnen und ihrer männlichen Pendants? Dass als nächste Forderung kommen könnte: „Es gehören alle registriert, die sich am Karfreitag eine Wurschtsemmel kaufen!"

Wir wissen es nicht. Aber wir sind naturgemäß froh, dass diese „Waldhäuselei" keine Umsetzung fand.

Jetzt aber weg von dieser bedrückenden Enge!

Und für einen kurzen Zeitraum mit einem Kopfsprung hinein ins allumfassende Meer der alle Dimensionen sprengenden Raumzeit!

Keine Angst: So gefährlich wird's nicht.

Im Folgenden machen wir nur einen kleinen Streifzug durch Mythen und Legenden. Aber auch durch das, was wir gerne als das „Historisch-Faktische" bezeichnen.

Dabei werden wir Eigenartiges, Geheimnisvolles und auch Groteskes aufstöbern, was Menschen mit dem verbindet, was sie essen.

Das Linsengericht

Die Knaben wuchsen heran. Esau war ein Mann geworden, der sich auf die Jagd verstand, ein Mann des freien Feldes. Jakob dagegen war ein untadeliger Mann und blieb bei den Zelten.

Genesis 25, 27

Jakob und Esau waren Zwillinge. Der Vater der beiden, Isaak, war als Knabe Gegenstand jener Prüfung gewesen, die der alttestamentarische Gott dem Abraham auferlegt hatte:
„Bringe mir deinen Sohn als Opfer dar!"
So hatte der göttliche Befehl gelautet. Und der Sohn war Isaak gewesen.
Ende gut, alles gut? Ja. Denn Gott ließ es nicht bis zum Äußersten kommen. Isaak blieb am Leben, ehelichte Rebekka und zeugte mit ihr, spät, aber doch – er war sechzig, sie vierzig – das Zwillingspaar Jakob und Esau. Schon früh durfte man annehmen, dass es mit der Bruderliebe der beiden nicht weit her sein konnte: Bereits im Mutterleib balgten sie sich, was Rebekka dazu veranlasste, beim Weltenlenker untertänig nachzufragen, was es denn mit dem Gezerre und der Herumtreterei in ihr drinnen für eine Bewandtnis habe.
Die Antwort, die sie bekam, dürfte kaum zu ihrer Beruhigung beigetragen haben:
„Zwei Völker sind in deinem Leib, / zwei Stämme trennen sich schon in deinem Schoß. / Ein Stamm ist dem anderen überlegen, / der ältere muss dem jüngeren dienen."
Selbstverständlich entwickelte sich dann auch alles gemäß der göttlichen Prophezeiung. Die beiden Knaben sahen unterschiedlich aus und hatten offensichtlich auch ganz unterschiedliche Lebensentwürfe.
Während der bereits bei seiner Geburt über und über mit roten Haaren bedeckte Esau zu einem Raubein heranreifte, hielt

sich Feschak Jakob eher im Weichbild der Zeltsiedlung auf, mehr oder weniger in unmittelbarer Nähe des Rockzipfels der Frau Mama. Rebekka fühlte sich zu diesem Sohn auch deutlich mehr hingezogen als zu dessen Zwillingsbruder, zumal Jakob in der mütterlichen Domäne der Kochkunst und auch in der Nutztierhaltung schon früh Kompetenz zeigte.

Esau dagegen war aus dem Holz geschnitzt, aus dem sich echte Männer ihre Söhne wünschen. Isaak war da keine Ausnahme. Schon bei der Geburt der beiden Knaben hatte er in jenem den Gewinner gesehen, der als Erster aus dem Mutterschoß gekommen war, den kleinen Bruder gleichsam „mitziehend" – denn Jakob hatte sich an der Ferse Esaus festgehalten.

In Jakobs Verhalten eine überlegene Intelligenz zu erkennen, die sich Esaus „Hoppla, jetzt komme ich"-Mentalität zunutze machte, um das eigene Risiko beim Entdecken der Außenwelt zu minimieren, darauf scheint Isaak nicht gekommen zu sein. Aufgewachsen in einem Macho-Umfeld, das nichts fürchtete außer die Launen eines Zornesgottes, bewunderte er das Ungestüme an seinem knapp, aber doch Erstgeborenen.

Dazu kam, dass Isaak ein begeisterter Wildesser war, ein Fleischtiger würde man heute sagen. Gerichte aus Feldfrüchten, wie sie Rebekka und bald auch schon Jakob in hervorragender Weise zuzubereiten wussten, galten ihm nichts. Isaak bevorzugte ein vernünftig gebratenes Stück Wildbret. Und da Esau jener war, der dieses Fleisch immer wieder zu erjagen wusste, mochte er dem Vater als der gottbegnadete unter den beiden Söhnen erscheinen.

Doch Gottes Pläne sind uns Irdischen nun einmal unerforschlich.

Und so zeigte sich eines Tages, dass es wohl Jakob sein musste, der auf der Gewinnerseite der gottgewollten Evolution stand.

Denn als sein Bruder nach getanem Waidwerk müde, erschöpft und vor allem hungrig das schmucke Einfamilien-Zelt betrat, durfte er eine olfaktorische Wohlfühlattacke erleben: An seine nicht gerade verwöhnte Nase, die im Regelfall mit Schweiß-, Tierfell- und Blutgeruch malträtiert wurde, drang nun ein Duftpotpourri aus Pfeffer, Kreuzkümmel, Kurkuma, Olivenöl und roten Linsen.

Esau schien darin eine Vorausdeutung auf die Wohlgerüche des Paradieses zu erkennen und sogleich bat er Jakob, ihm doch von diesem herrlichen Schmaus etwas abzugeben. Der Bruder grinste und machte einige sarkastische Bemerkungen darüber, dass irgendwann selbst der größte Tölpel erfassen müsse, wie überlegen kulinarisch kreativ zubereitete pflanzliche Ernährung dem Wildbret sei. Zumal ja dieses Wildfleisch einerseits lange abzuliegen habe, um überhaupt genießbar zu sein, um andererseits vollends zu verderben, wenn man den Lagerungsprozess zu sehr ausdehne. Denn dann würde der Hautgout schlagartig penetrantem Leichengeruch weichen und es bliebe einem nichts anderes übrig, als die Hirsch-, Reh- oder Gazellenkeule den Hunden vorzuwerfen.

Esau mochte das provokante Geschwafel mit der Engelsgeduld des Hungrigen ertragen haben, der auf Sättigung durch den Spötter hofft. Und in der Tat – nach einiger Zeit löffelte er aus einer irdenen Schüssel die köstliche Linsensuppe. Jakob hatte sie dem Zwillingsbruder allerdings nur im Rahmen eines Tauschgeschäftes überlassen. Esau sollte zugunsten des bei der Geburt Zweitplatzierten auf seine Rechte als Erstgeborener verzichten. Ohne lange zu überlegen, ging der Jäger auf den Handel ein.

Ach was, vollkommen egal!, mochte er bei sich gedacht haben, Was kann mir das Erstgeborenen-Recht schon Großes zusichern? Ein paar Gemüsebeete, eine Herde Ziegen mit dazugehörigen Weiden, eingezäunt womöglich, dass einem der Blick genommen wird auf die Weite des Landes. Dazu eine Zisterne und vielleicht eine Hütte, umgeben von Lilien und anderen Schmuckblumen, die einem das Fortziehen schwer machen, mit ihrer Blütenpracht und ihrem Duft. Weiß Gott, so etwas brauche ich nicht! Die ganze Sesshaftwerdung kann mir gestohlen bleiben. Ich stamme von wahren Männern ab, von alten, edlen Wilden, deren Blut in mir noch immer pulsiert. Ich bin anders als die meisten mit mir Gleichaltrigen, die sich hinter Weiberröcken verstecken und der Jagd gar nichts abzugewinnen vermögen. Diese Tölpel pflügen, säen und ernten, sie weiden und melken. Wenn sie Fleisch essen, dann nur an besonderen

Tagen und nicht an jenen, an denen ihnen das Jagdglück hold ist, sondern wenn sie eine Hausschlachtung vornehmen! In mir aber, so schloss Esau den Kreis seiner Gedanken, in mir pulsiert nicht nur das Blut der wilden Ahnen, sondern ich trage auch noch ihren Pelz auf meiner Haut. Was also soll mir das Erstgeborenen-Recht? Leichten Herzens tausche ich es ein gegen dieses Linsengericht!

So war das Geschäft perfekt gemacht und ein uraltes Privileg männlicher Würde- und Besitzweitergabe eingetauscht gegen einen kurzen, aber höchst intensiven kulinarischen Genuss.

Den erlebte Esau, als er sich mit Heißhunger die duftende Linsensuppe Löffel für Löffel zuführte.

Morgenländische Linsensuppe

Zutaten:
160 g rote Linsen
1 l klare Hühnersuppe
4 EL Olivenöl
20 g glattes Mehl
⅛ l Obers
1–2 TL Kurkuma
Kreuzkümmel, gemahlen
Salz und Pfeffer

Das Mehl im Olivenöl hell anschwitzen, etwas Suppe angießen und mit einem Schneebesen konsequent durchrühren, sodass keine Mehlklümpchen entstehen. Kurkuma und eine Prise Kreuzkümmel beifügen, mit der restlichen Suppe aufgießen und durchrühren.
Die Linsen dazugeben und aufkochen lassen.
Schlagobers eingießen, Hitze reduzieren und die Linsensuppe circa 20 bis 30 Minuten köcheln lassen. Die Linsen sollten sich „auflösen" und der Suppe eine sämige Konsistenz verleihen. Mit Salz und Pfeffer abschmecken, vielleicht noch etwas Kreuzkümmel oder Kurkuma beifügen und servieren.

Das verwilderte Zicklein

*Jakob antwortete seiner Mutter Rebekka:
Mein Bruder Esau ist aber behaart und ich habe eine glatte Haut.*

Genesis 27, 11

Jakobs Sieg über den rotfelligen Bruder schien allerdings nicht von langer Dauer zu sein. Mündliche Abmachungen, zumal dann, wenn ihre Durchführung auch von Dritten abhängig ist, sollten immer durch Notariatsakte abgesichert werden. Nun darf man aber wohl davon ausgehen, dass in alttestamentarischer Zeit von einer Notariatsdichte im heutigen Sinne nicht die Rede sein konnte. Jakob kam also gar nicht auf die Idee, seinen Deal mit dem Zwilling in schriftliche Vertragsform zu gießen. Und um ein Haar hätte er für diese Nachlässigkeit teuer bezahlen müssen – wäre da nicht seine Mutter gewesen.

Rebekka hatte nämlich mitbekommen, dass ihr Gemahl Isaak dem Esau seinen finalen väterlichen Segen in Aussicht gestellt hatte, sofern der von ihm nach wie vor als „Erstgeborener" Titulierte ihm noch ein letztes Mal ein schmackhaftes Wildbret zukommen lasse.

Denn Isaak fühlte den Tod nahen.

Während Esau die Fluren und Wälder nach jagdbarem Wild durchstreifte, griff Rebekka zu einer List. So hätte man das damals vermutlich umschrieben. Heutige Kriminalpsychologen würden wohl davon sprechen, die Mutter der Zwillinge habe ihre kriminelle Energie nicht mehr länger unterdrücken können.

Sie forderte Jakob auf, zügig ein Zicklein zu schlachten. Als dies geschehen war, nahm sie Esaus Festtagsgewand und bedeutete dem jüngeren Sohn es anzulegen. Als auch dies geschehen war, bedeckte sie seine Handrücken und Unterarme mit dem frischen Ziegenfell und machte sich daran, das Fleisch des eben geschlachteten Jungtieres so zuzubereiten, dass es dem Gemahl munden mochte.

Da uns Isaaks Vorliebe für Wild bekannt ist, dürfen wir wohl davon ausgehen, dass Rebekka es verstand, durch eine spezielle Zubereitungsart dem Ziegenbraten einen dem Wildbret ähnlichen Geschmack zu verleihen. Und sie hatte Erfolg damit.

Als Jakob wenig später in der Maske Esaus dem sehschwachen Vater das Gericht kredenzte, war dieser schon nach dem ersten Bissen begeistert.

Doch zuvor hatte sich der betagte Greis durchaus misstrauisch gezeigt:

„Bist du wirklich Esau, mein Erstgeborener?!", hatte er gefragt, und obwohl dies der Sohn bejaht hatte, unterzog er ihn einer weiteren Prüfung. Er betastete Jakobs Hände, fühlte das Fell und ließ sich dann das herrliche Essen schmecken. Vollends überzeugt war Isaak, als sich der Sohn zu ihm niederbeugte, um ihn zu küssen. Da glaubte er, Esau am Geruch seiner Kleidung zu erkennen und gab ihm mit Freude den patriarchalen Segen.

Einige Zeit, nachdem Jakob gegangen war, kam Esau mit dem frisch zubereiteten Wildbret zu Isaak und musste mit Schrecken hören, dass der Vatersegen bereits vergeben war. Obwohl er mit Recht darauf verweisen konnte, dass der hinterhältige Zwilling zu diesem Privileg nur durch List und Täuschung, mit einem Wort durch Betrug gekommen war, ließ sich die Sache nicht mehr rückgängig machen. Trotz seiner wilden Männlichkeit brach der rohe Jäger darauf in Tränen aus und flehte, der Vater möge doch auch ihn segnen.

Doch Isaak hatte keinen Zweit- oder Reservesegen in petto, nur ein paar mehr oder weniger trostspendende Worte:

„Fern vom Fett der Erde musst du wohnen, / fern vom Tau des Himmels droben. / Von deinem Schwerte wirst du leben. / Deinem Bruder wirst du dienen. / Doch hältst du durch, so streifst du ab / sein Joch von deinem Nacken."

Der Ziegenbraten aber dürfte dem alten Isaak gut bekommen haben. Der nahe geglaubte Tod ließ noch lange auf sich warten: Er durfte nicht nur die Geburt zahlreicher Enkel miterleben, sondern auch die Versöhnung seiner Söhne.

Ziegenkitzbraten Waidmannsart

Zutaten:
1 Ziegenkitzkeule
100 g Zwiebel
250 g Wurzelwerk (gelbe Rübe, Karotte, 1 Viertel Sellerieknolle, das Weiße einer Lauchstange)
¼ l Rotwein,
½ l Rindsuppe;
8 Pfefferkörner, 2 Lorbeerblätter, 8 Wacholderbeeren
1 EL Tomatenmark
Butterschmalz

Die Keule entbeinen und das Fleisch straff zusammenbinden – dann in einer Bratpfanne rundherum scharf in Butterschmalz anbraten, herausnehmen, beiseite stellen und warmhalten.

Hitze reduzieren und in derselben Pfanne Zwiebel und Wurzelwerk, alles grobwürfelig geschnitten, bei milder Hitze unter ständigem Rühren durchrösten und dabei den Bratensatz lösen. Tomatenmark beifügen, anrösten, mit dem Rotwein ablöschen und kurz durchkochen.

Fleisch auf das Gemüsebett legen und mit Rindsuppe aufgießen. Pfefferkörner, Lorbeerblätter und Wacholderbeeren zugeben. Die Bratpfanne in den auf 180° vorgeheizten Backofen schieben. Das Fleisch alle dreißig Minuten wenden und mit der Sauce übergießen. Falls nötig, etwas Rindsuppe nachfüllen. Nach circa 100 Minuten die Garprobe machen. Wenn diese zur Zufriedenheit verläuft, das Rohr abschalten. Lorbeerblätter entfernen.

Die Sauce samt Gemüse in ein passendes Gefäß füllen, mit einem Stabmixer pürieren, in eine geräumige Pfanne gießen, aufkochen und mit kalten Butterstücken montieren.

Während der Saucenbereitung den Braten noch etwa 15 Minuten bei halb geöffneter Backofentür rasten lassen. Dann herausnehmen, in Tranchen schneiden, diese in die fertige Sauce einlegen, erwärmen und servieren.

Gegen die Dunkelheit

*Der Mond ist aufgegangen,
die goldnen Sternlein prangen,
am Himmel klar und hell.
Und Lastkraftwagen rasen
über die Autostraßen
trotz dichten Nebels ziemlich schnell.*

*Die Welt, sie wirkt so stille!
Man hört nicht das Gebrülle
des Schlachtviehs im Transport.
Denn in zu engen Boxen,
da bangt's der Kuh, dem Ochsen
und auch dem Milchkalb vor dem Mord.*

*Es ist doch heut nicht Neumond!
Wo der Trabant sonst treu thront
ist Finsternis, kein Licht.
Seht ihr den Mond dort stehen?
Nein. Denn er will nicht sehen,
was Menschengier am Tier verbricht.*

*Legt euch, Schwestern und Brüder,
heut nicht zum Ruhen nieder.
Nehmt Unrecht nicht in Kauf.
Kein Gott wird uns vom Bösen,
das wir bewirkt, erlösen.
Drum schlaft nicht ein – steht endlich auf!*

Hier stand uns Matthias Claudius (1740–1815) spirituell und mit vielen Zeilen bei.

Ein Festschmaus für den Flohbeutel

... ich bin es nicht mehr wert, dein Sohn zu sein.
Mach mich zu einem deiner Tagelöhner.

Lukas-Evangelium 15,19

Eine der wohl bekanntesten Geschichten aus dem Neuen Testament ist das „Gleichnis vom verlorenen Sohn". Es hat für brave und angepasste Bürger eine – na ja – sagen wir etwas *schräge* Moral: Einem Sünder wird etwas zuteil, was dem Gerechten immer vorenthalten wurde.

Dazu kommt, dass die Geschichte auch kein Hohes Lied auf das Fasten ist. Im Gegenteil: Man kann in ihr durchaus eine Hymne auf die Festesfreude sehen, auf das gemeinschaftliche Essen, Trinken, Tanzen, auf das dionysisch Sich-gehen-Lassen. Böse Zungen könnten sogar von Völlerei reden. Deswegen war es für uns beide auch von Anfang an klar, dass wir uns mit diesem Gleichnis unbedingt beschäftigen müssen.

Doch bevor wir uns diesem zuwenden, möchten wir noch ganz allgemein etwas zur Heiligen Schrift sagen. Diese wird im Regelfall ja immer als Friedensbotschaft, als Anleitung zu einem empathischen Miteinander verstanden. Und das stimmt ja auch in vieler Hinsicht. Sätze wie „Liebe deinen Nächsten wie dich selbst", aber auch das alttestamentarische „Du sollst Vater und Mutter ehren, auf dass du lange lebest und es dir wohlergehe auf Erden" scheinen fulminanter Ausdruck eines ebenso pazifistischen wie familienfreundlichen Grundtenors zu sein.

Als Ausnahme dazu mag zwar die Aufforderung des alttestamentarischen Gottes an Abraham scheinen, er solle seinen Sohn Isaak als Opfer darbringen. Doch dagegen kann man zweierlei einwenden:

Erstens kam es ja gar nicht dazu, wie wir an anderer Stelle in diesem Buch bereits angedeutet haben. Denn nachdem Abraham sich grundsätzlich dazu bereiterklärt hatte, seinen Sohn abzuschlachten, und damit seinen bedingungslosen Gehorsam gegenüber dem Weltenlenker bekundet hatte, trat dieser von seiner Forderung zurück und stand in Hinkunft der ganzen Familie mit allerhöchstem Rat und Tat zur Seite.

Zweitens wird der alttestamentarische Teil der Bibel ohnehin nicht so sehr als Evangelium – also Frohbotschaft – gesehen wie das Neue Testament.

Nun gibt es zwar auch darin die recht blutrünstigen Gräuel, die Johannes in seiner Apokalypse beschreibt. Einige davon sind der breiten Öffentlichkeit meist deshalb bekannt, weil sie als Vorlage für psychisch anstrengende Filme wie „Armageddon" oder „Judgement Day" dienten. Dass man die Apokalypse bei Bibellesungen im Gottesdienst, im Religionsunterricht und in den Bibelstunden der großen christlichen Konfessionen fast gänzlich ausblendet, mag darin begründet sein, dass es sich bei der Offenbarung des Johannes nicht um das *persönliche Wort Jesu* handle.

Und so scheint für viele Gläubige die oben angesprochene moralische Schieflage in dem von Jesus *selbst* erzählten „Gleichnis vom verlorenen Sohn" so etwas wie ein einmaliger Sonderfall im Ethik-Angebot des Evangeliums zu sein.

Dem ist aber nicht so. Das Neue Testament beinhaltet Passagen, die weder harmonieanleitend noch pazifistisch und schon gar nicht familienfreundlich sind.

Sie glauben das nicht?

Dann lesen sie bitte den folgenden Text aus dem Matthäus-Evangelium (10, 34–39). Da sagt Jesus zu seinen Jüngern, als er sie auf den Missionsauftrag vorbereitet, Folgendes:

„Denkt nicht, ich sei gekommen, um Frieden auf die Erde zu bringen! Ich bin nicht gekommen, um Frieden zu bringen, sondern das Schwert. Denn ich bin gekommen, um den Sohn mit seinem Vater zu entzweien und die Tochter mit ihrer Mutter und die Schwiegertochter mit ihrer Schwiegermutter; und die Hausgenossen eines Menschen werden seine Feinde sein.

Wer Vater oder Mutter mehr liebt als mich, ist meiner nicht wert, und wer Sohn oder Tochter mehr liebt als mich, ist meiner nicht wert. Und wer nicht sein Kreuz auf sich nimmt und mir nachfolgt, ist meiner nicht wert. Wer das Leben findet, wird es verlieren; wer aber das Leben um meinetwillen verliert, wird es finden."

Wir wollen dazu weiter nichts sagen.

Außer – – – vielleicht: Wäre dieser Abschnitt nicht Teil des Neuen Testaments, sondern des Korans, dann würden diese Worte wohl längst als eine eindeutige Aufforderung zum „Dschihad" interpretiert werden.

Nein. Wir sagen dazu besser gar nichts.

Denn wir halten uns an ein anderes Wort, aus dem Matthäus-Evangelium, das uns sehr gut gefällt. Und da heißt es:

„Richtet nicht, auf dass ihr nicht gerichtet werdet!" (7,1).

Nun aber zurück zum Gleichnis vom verlorenen Sohn. Wir wollen diese Geschichte in unseren eigenen Worten erzählen, dabei aber inhaltlich dem Original folgen.

Ein wohlbestallter Gutsherr hatte zwei Söhne. Er wollte seine Latifundien dereinst unter den zweien aufteilen. Der Besitz war groß genug, um beiden und deren Familien, die allerdings noch zu gründen waren, ein gesichertes Ein- und Auskommen zu gewährleisten.

Der ältere Sohn dankte dem Vater und versprach, emsig zu arbeiten, um den Besitz nicht nur abzusichern, sondern ihn womöglich auch noch zu mehren. Sein Bruder aber hatte kein Interesse daran, auf dem Lande zu verbleiben. Frech forderte er vom Vater die Auszahlung seines Erbteiles. Dieser Aderlass an barer Münze muss das Gut schwer belastet haben.

„Wir kommen durch meinen unverschämten Bruder in eine veritable Liquiditätskrise, o edler Vater!", wird der ältere Sohn vermutlich sinngemäß angemerkt haben. Damit hatte er zweifelsfrei recht: Bis heute wissen ja Großgrundbesitzer adeliger wie bäuerlicher Herkunft Klagelieder darüber zu singen, was für eine unfassbare Belastung es darstelle, wenn man erbberechtigte Geschwister sogleich und in bar auszubezahlen habe.

Doch der Vater willigte ein und der jüngere Sohn machte sich mit einem Beutel voller Goldstücke im wörtlichen Sinne vom Acker. Er zog in die nächste Stadt – vermutlich nach Babylon, da die Sündenpfuhle Sodom und Gomorra bereits dem

Erdboden gleichgemacht worden waren. Doch auch Babylon genoss in jenen Kreisen, die dem tugendhaften Leben abhold waren, einen ausgezeichneten Ruf. Und so stürzte sich der jüngere Sohn ins opulente babylonische Nachtleben. Dort spielten wilde Bands auf ihren Trommeln und Lyren heiße Songs, Wein und Dattelschnaps flossen in Strömen und tabulose Damen waren gegen entsprechenden Lohn bereit, das zu gewähren, was eigentlich nur die Ehegattin ihrem angetrauten Gemahl erlauben sollte.

Natürlich standen all diese Vergnügungsetablissements unter dem merkantilen Motto „Umsonst ist der Tod und der kostet das Leben".

Es kam also, wie es kommen musste. Schon nach zwei Jahren war das Geld aufgebraucht, das bei vernünftigem Lebenswandel drei Generationen den Unterhalt hätte sichern können. Von einem Tag auf den anderen wurde der junge Mann aus seiner Wohnung im babylonischen Cottage-Viertel gestoßen, da er nicht mehr in der Lage war, die Miete zu bezahlen. Zwar konnte man ihm die Kreditkarten nicht sperren, da es diese damals vernünftigerweise noch nicht gab, doch das mag ihm nur ein schwacher Trost gewesen sein. Schließlich verdingte er sich bei einem Stadtbauern als Schweinehüter, aber im Trog der Borstentiere fand sich mehr und Besseres, als man ihm als Abendbrot vergönnte. Nachdem er sich wochenlang nur von Abfällen ernährt hatte, beschloss der zum Skelett abgemagerte, ehemals prächtige Hahn im Korb das urbane Dasein hinter sich zu lassen und auf die heimatliche Scholle zurückzukehren.

Zu Hause angekommen, warf er sich dem Vater zu Füßen und stammelte mit schwacher Stimme: „Ich bin es nicht mehr wert, dein Sohn zu sein. Behandle mich genauso wie den letzten deiner Taglöhner."

Der Vater beugte sich zu dem Sohn und wollte ihn sogleich in die Arme schließen, besann sich aber eines Besseren. Er klatschte in die Hände und befahl den heraneilenden dienstbaren Geistern, dem Neunankömmling ein duftendes Bad ebenso vorzubereiten wie frisch gebügelte Gewänder aus Samt und Seidendamast. Als der junge Mann nach einer Stunde gewaschen, geschnäuzt, gekämmt und edel gewandet in den Herrensalon zurückkam, umarmte ihn der Vater. Inzwischen hatte er bereits Hausknechte und Mägde damit beauftragt, ein Fest auszurichten, das der Heimkehr eines ländlichen Prinzen würdig war.

Als nun am Abend dieses Tages der ältere Sohn müde und abgespannt nach einem elfstündigen Arbeitstag auf den Feldern der heimatlichen Villa zustrebte, hörte er schon von Weitem dröhnende Musik und schallendes Gelächter. Er traf einen Knecht, der eben dabei war, weitere Krüge voller Wein zuschleppen, und fragte ihn:

„Sag an – was wird denn hier für ein Fest gefeiert, von dem ich als tugendhafter Sohn meines geliebten Vaters nicht die geringste Kenntnis erlangt habe? Sollte es etwa eine Überraschung für mich sein, weil ich nun schon fast auf den Tag genau zwei Jahre emsig arbeite auf des Vaters Latifundien, um mir dereinst das Erbe, das ich alleine antreten werde, zu verdienen?"

„Nein!", entgegnete der Knecht mit dem verschlagenen Lächeln des schadenfrohen Domestiken. „Nicht für dich hat der edle Herr Musikanten engagiert, Wein herbeischaffen und ein Kalb schlachten lassen. All das geschieht für deinen Bruder, der arm und zerlumpt aus der Fremde heimgekehrt ist und nun wieder einziehen wird ins Herrenhaus."

Darauf wurde der ältere Bruder furchtbar böse. Er stürzte in den Hof, wo das Fest gefeiert wurde, kochkundige Domestiken den Kadaver eines schönen Mastkalbes auf einem Spieß über glühenden Kohlen drehten, während sich viele junge Paare im Tanze wiegten. Die Musik klang ebenso volkstümlich wie auch ekstatisch. Heutige musikkundige Sozialanthropologen hätten das Ganze möglicherweise als eine aramäische Vorform des steirischen Volks-Rock'n'Rolls zu identifizieren gewusst.

Zornig sah der ältere Bruder, wie der jüngere eng umschlungen mit einer glutäugigen Dorfschönheit tanzte. Dabei machte er groteske Bewegungen, die auf eine hohe Vertrautheit mit der babylonischen Techno-Musik schließen ließen.

So hätten dies jedenfalls zeitgenössische Vorgänger von „Falter"-Musikjournalisten in Keilschrift festgehalten. Da sich all dies in der tiefsten Provinz ereignete, waren allerdings mit hoher

Wahrscheinlichkeit keine Stadtzeitungsjournalisten bei diesem Event anwesend.

Der ältere Bruder würdigte den tanzenden jüngeren keines weiteren Blickes.

Seine Augen suchten und fanden den Vater, auf den er sogleich zueilte. Mit überschnappender Stimme bat er um ein Gespräch unter vier Augen. Der greise Patriarch, der immerhin schon auf die fünfzig zuging, gewährte dies seinem Erstgeborenen.

So saßen sie nun da auf den kostbaren Sitzteppichen und der sanfte Kräuterrauch legte sich entspannend auf ihre Lungen, angenehm gekühlt durch den Weg, den er durch das Nass der Wasserpfeifen genommen hatte.

„So viele Jahre habe ich dir gedient, edler Vater!", begann nun nach dem dritten Lungenzug der ältere Bruder. „Doch niemals hast du *für mich* ein Fest ausgerichtet! Erinnerst du dich noch? Vor zwei Jahren, als ich meinen einundzwanzigsten Geburtstag feiern wollte, da bat ich dich um ein Ziegenböcklein und ein Fässchen aus deinen übervollen Kellern. Doch du sagtest Nein! Und du gabst mir nichts! Aber jetzt, da dieser Nichtsnutz heimgekehrt ist, dieser Flohbeutel, der alle deine Sesterzen durchgebracht hat mit den Huren von Babylon, bei nicht koscherem Wein, jetzt lässt du dein schönstes Kalb schlachten! Jetzt lässt du allersüßesten Wein in Strömen fließen!"

Der Vater sah seinen Sohn lange und liebevoll an.

Dann sprach er: „Mein Erstgeborener, du warst immer bei mir. Du warst immer meinem Herzen nahe und ich war immer deinem Herzen nahe. Nie hat es dir an etwas gemangelt. Und wenn du für dein Geburtstagsfest ein Zicklein geschlachtet hättest, wäre dir von mir auch nicht der Kopf abgerissen worden. Ich hätte dir höchstens links und rechts einen ordentlichen Backenstreich verabreicht. Denn ich war immer bei dir und du warst immer bei mir. Aber dein Bruder war nicht mehr bei mir. Er war fort und somit für mich tot. Doch nun hat er sich wieder eingefunden im Hause seines Vaters. Wie durch ein Wunder. Somit lebt er wieder für mich. Und darum musste für ihn ein Fest ausgerichtet werden!"

Wir finden: Das ist ein sehr schönes Gleichnis!

Denn hier wird nicht die Anpassung belohnt, sondern die Opposition. Das Quer- und Gegendenken, die Abenteuerlust, das Wagnis, das Sich-Einlassen auf Neues.

Aber: Es wird auch Einsicht und Selbsterkenntnis gefordert. Denn der junge Sohn bekommt sein Fest, *obwohl* er in seiner Abenteuerlust alles verpulvert hat.

Und er bekommt es, *weil* er einsieht, dass er sein Erbe durch sein Verhalten vor der Zeit aufgebraucht hat. Ergo hat er keine Forderungen mehr zu stellen.

Die einzige Gnade, um die er bitten *kann*, aber auch bitten *muss*, ist die, als unterster Taglöhner dort eingestellt zu werden, wo er einst ganz oben gesessen wäre.

Dafür bekommt er ein großes Fest.

Eine schöne Geschichte um Gnade und deren Preis, könnte man sagen.

Zurück in unser profanes und leider oft auch triviales Leben. Sollten Sie, geschätzte pädagogisch ausgebildete Leserin, und Sie, eher nach Bauchgefühl Erziehungsfragen entscheidender Leser, sich bemüßigt fühlen, irgendwann einmal einem Ihrer Kinder irgendetwas vergeben zu wollen ...

... dann schlachten Sie bitte keinesfalls selbst ein Kalb!!

Außer, Sie haben dafür die entsprechende Fleischerlizenz.

In jedem Fall aber sollten Sie das folgende Rezept zubereiten. Es ist einfach umzusetzen und der gemeinsame Verzehr heilt alle Familienwunden.

Garantiert!

Gebratene Kalbsstelzen

Zutaten:
2 Kalbsstelzen, kochfertig
Wurzelwerk, grob geschnitten: 1 Stange Lauch (nur das Weiße),
2 Karotten, 2 gelbe Rüben, ½ Knolle Sellerie
2 Lorbeerblätter
2 Knoblauchzehen
2 EL frisch gehackter Rosmarin
1 TL getrockneter Thymian
1 TL getrocknetes Basilikum
2 EL Tomatenmark
⅛ l Chardonnay oder Weißburgunder
Erdnussöl
Salz und Pfeffer
1 Bio-Zitrone, unbehandelt

Backrohr auf 160° vorheizen.
In einer geräumigen Pfanne Öl erhitzen, die Stelzen rundherum anbraten. Die Stelzen in eine mit Öl ausgestrichenen Bratpfanne geben, ins Rohr schieben und zwei Stunden braten. Alle dreißig Minuten die Stelzen wenden und mit dem austretenden Saft übergießen.
Das gewürfelte Gemüse und die Kräuter zugeben; nach zwanzig Minuten den Wein angießen und das Tomatenmark unter das Gemüse rühren. Temperatur auf 200° erhöhen und alles zusammen zwanzig Minuten schmoren lassen, dabei die Stelzen noch zweimal wenden.
Die Stelzen herausnehmen, in Alufolie einschlagen und zwanzig Minuten rasten lassen.
Gemüse und Sauce in die Pfanne umfüllen, Lorbeerblätter entfernen, alles abschmecken und bei Bedarf nachwürzen.
Die Stelzen aus der Folie nehmen, im heißen Rohr kurz nacherhitzen und mit dem Schmorgemüse und Erbsenreis servieren.

Butterbrot und Tafelspitz

Das Schicksal kommt, wenn es niemand merkt.

PUBLILIUS SYRUS
römischer Dichter
1. Jh. v. Chr.

Mild und heiter strahlt die Sonne an diesem Sonntagvormittag am Himmel über Sarajevo. Aber die elegant gekleideten Damen und Herren, die hier im Arkadenhof des Rathauses versammelt sind, denen ist nicht nach Lachen zumute. Vor ihnen stehen Sophie, Herzogin von Hohenberg, und ihr Gemahl, Thronfolger Franz Ferdinand.

Der aus einer alten, angesehenen und wohlhabenden muslimischen Familie stammende Bürgermeister der Stadt ist eben ans Rednerpult getreten, um die hohen Gäste zu begrüßen. Fehim Effendi Čurčić ist erst siebenundzwanzig Jahre alt. Er sieht in diesem Moment aber deutlich älter aus. Und er scheint höchst nervös zu sein. Zu Recht. Denn kaum hat er seine ersten wohlgesetzten und höflichen Begrüßungsworte gesagt, wird er polternd unterbrochen:

„Herr Bürgermeister!", donnert der Thronfolger. „Da kommt man nach Sarajevo, um einen Besuch zu machen, und man wirft auf uns mit Bomben! Es ist empörend!"

Daraufhin ist es totenstill. Effendi Čurčić ringt nach Worten der Entschuldigung, die ihm aber offensichtlich nicht einfallen. Da wendet sich Sophie ihrem Mann zu und flüstert ihm etwas ins Ohr. Seine düstere Miene hellt sich ein wenig auf.

„Sie müssen mir schon meine Erregung vergeben, meine sehr geschätzten Damen und Herren!", fährt Franz Ferdinand in nun etwas verbindlicherem Ton fort. „Aber natürlich möchte ich mich auch in allerherzlichster Form für Ihre warmen Begrüßungsworte bedanken, mein lieber Herr Bürgermeister! Und allen hier anwesenden Damen und Herren möchte ich ebenfalls meinen Dank und den meiner Gemahlin aussprechen. Für den großartigen Empfang, den Sie uns hier in Ihrer traditionsreichen, wunderbaren Stadt bereitet haben. Wir lassen uns von ein paar irregeleiteten Fanatikern doch nicht diesen schönen Sonntag verderben!"

Allgemeiner Beifall brandet auf.

Jetzt wirkt auch der Landeshauptmann von Bosnien-Herzegowina, der Feldzeugmeister Oscar Potiorek, erleichtert. Er war an der Spitze des Empfangskomitees gestanden, das eine dreiviertel Stunde zuvor das Thronfolgerpaar vom Bahnhof abgeholt hatte. Und er war mit beiden in demselben Wagen gesessen, einem „Gräf & Stift Phaeton". Dieser gehört Oberstleutnant Graf von Harrach. Als enger Freund Franz Ferdinands begleitet er ihn auf dieser Reise und stellt für die Stadtrundfahrt seinen Wagen samt Chauffeur zur Verfügung.

Wenige Minuten, nachdem man den Bahnhof verlassen hatte und auf den prächtigen Boulevard der Stadt, den Appel-Kai, eingebogen war, passierte dann das, was Landeshauptmann Potiorek befürchtet und wovor er die zuständigen Herren in Wien wiederholt gewarnt hatte:

Ein sehr junger Mann warf eine Bombe auf den offenen Wagen.

Doch seine kaiserliche Hoheit, der Thronfolger, reagierte großartig und wehrte mit einer blitzartigen Handbewegung den Sprengkörper ab. Der rollte unter den nächsten Wagen, explodierte und zwei Männer wurden verletzt – gottlob nicht lebensgefährlich. Der eine war Marizzi, Potioreks Flügeladjutant, und der andere ein gewisser Graf Waldeck, aus dem Gefolge Seiner Kaiserlichen Hoheit. Beide wurden sofort ins Militärlazarett gefahren.

Zum Glück hat in diesen dramatischen Momenten auch Harrachs junger Chauffeur Leopold Loyka Geistesgegenwart gezeigt und enormes Geschick als Automobilist bewiesen. Er trat sofort mit aller Kraft auf das Gaspedal des „Phaeton" und raste mit ungeheurer Geschwindigkeit über den Appel-Kai in Richtung Rathaus.

Jetzt ist alles ausgestanden!, denkt Potiorek bei sich, als er mit den allerhöchsten Herrschaften beim Sektempfang des Bürgermeisters steht. Er teilt die Meinung des städtischen Polizeichefs, der ihm gerade im Brustton der Überzeugung versichert, dass es sich bei dem Bombenterroristen um „einen Einzeltäter handle".

Franz Ferdinand, der dies mitgehört hat, wendet sich amüsiert mit gedämpfter Stimme an seinen Freund Harrach:

„Einzeltäter? Dass ich nicht lach'! Es werden uns heute schon noch ein paar Kugerln um den Kopf pfeifen!"

In diesem Moment kommt ein Protokollbeamter aus dem „Konak", dem Residenzgebäude des Landeshauptmannes, und stellt seinem Chef leise eine Frage.

Potiorek wendet sich daraufhin an Franz Ferdinand und bittet ihn um ein kurzes Gespräch unter vier Augen.

„Was gibt's denn, lieber Potiorek?", fragt der Thronfolger, nachdem die beiden Herren einen Nebenraum aufgesucht haben, in dem sie ungestört sind.

„Kaiserliche Hoheit!", erwidert der Landeshauptmann, „soeben war einer meiner Beamten bei mir und hat untertänigst die Frage gestellt, ob Kaiserliche Hoheit nicht daran denken, den Besuch nach diesem schrecklichen Ereignis unverzüglich abzubrechen?"

„Sie meinen, ich soll gleich nach Hause fahren? Da würd ich ja auch das Mittagessen versäumen! Was gibt's denn überhaupt?"

„Als Hauptgericht hat mein exzellenter Küchenchef ein Bœuf bouillé aux légumes vorgesehen", erwidert der Landeshauptmann.

„Einen gekochten Tafelspitz mit Beilagen? Hervorragend! Das ist mein Leibgericht." Franz Ferdinand lächelt Potiorek strahlend an und klopft ihm gönnerhaft auf die Schulter:

„Ich bleib natürlich da. Und die Stadtrundfahrt machen wir natürlich auch."

Potiorek macht eine kleine Verbeugung.

„Dann dürfen also meine Beamten und ich davon ausgehen, dass heute alles planungsgemäß weitergeführt wird?"

„Selbstredend!", meint der Thronfolger. „Ich kann doch Ihren Küchenchef nicht enttäuschen, zumal er sich so viel Mühe gemacht hat."

„Untertänigsten Dank!"

Wiederum verbeugt sich der Landeshauptmann.

Franz Ferdinand wendet sich schon zum Gehen, doch dann macht er noch einmal kehrt.

„Momenterl, Potiorek, nein, wir machen das anders: Die Stadtrundfahrt wird auf den Nachmittag verschoben. Jetzt fahren wir stante pede ins Garnisonsspital und besuchen dort unsere beiden Verwundeten – Ihren Adjutanten und meinen braven Graf Waldeck!"

„Kaiserliche Hoheit, es wird den Heilungsprozess dieser beiden wackeren Männer zweifelsfrei beschleunigen, wenn sie dero allerhöchsten Besuch am Krankenbette empfangen dürfen!", erwidert der Landeshauptmann eilfertig und verbeugt sich noch einmal.

Im Gegensatz zu den anderen am Attentat Beteiligten ist Gavrilo Princip noch eine Weile auf dem ihm zugeteilten Platz am Appel-Kai stehengeblieben. Und im Gegensatz zu den anderen versucht er nicht, seine Pistole loszuwerden. Obwohl er natürlich weiß, dass er sie an diesem Tag nicht mehr brauchen wird. Denn er ist sich sicher, dass man den Thronfolger abschirmen und in einem Sonderzug so schnell wie möglich nach Wien bringen wird.

Er denkt an Miloš Obilić, über den sie so oft gesprochen haben während der Vorbereitung auf das Attentat. Im Gymnasium hatten diese katholischen und muslimischen Idioten in trauter Einigkeit immer wieder darüber gelacht, dass die Serben am St. Veitstag ihre größte Niederlage feiern würden – die Niederlage gegen die Osmanen vor auf den Tag genau fast 600 Jahren.

Aber die Serben feiern keine Niederlage, sie feiern Miloš Obilić! Den Mann, der nach der verlorenen Schlacht den Sultan getötet hat. Diese Tat hat zwar die Niederlage in keinen Sieg verwandelt, aber sie war ein Zeichen gewesen. Ein Zeichen des Stolzes der Geschlagenen. Eine Demütigung für die Sieger.

Dieses Mal hätte ein erfolgreiches Attentat viel mehr bewirken können! Vielleicht sogar einen Aufstand gegen die Besatzungsmacht.

Aber Nedeljko, der Idiot, hat alles vermasselt.

Gavrilo Princip hat eine Stinkwut im Bauch. Aber – wie das bei jungen Leuten oft so ist – vertreiben ihm weder Zorn noch Angst den Appetit.

Also ist er vor wenigen Augenblicken über die Latiner-Brücke in die Franz-Josef-Straße gegangen. Und jetzt steht er direkt vor dem Delikatessengeschäft des Moritz Schiller, an das auch ein kleiner Kaffeehausbetrieb angeschlossen ist.

Er schaut durch die Auslagenscheibe und sieht einige Soldaten, die sich offenbar gerade ein paar Süßigkeiten kaufen. Er zögert. Doch dann kommt ihm der Held Obilić in den Sinn. Hat der sich nicht sogar in die Höhle des Löwen, in das Zelt des Sultans gewagt? Was können ihm die Soldaten schon tun?

Es ist ohnehin alles verloren.

Also geht er in das Geschäft und drinnen schnurstracks auf die Theke zu.

„Womit kann ich dienen, junger Mann?"

„Einen Milchkaffee und ein Butterbrot, bitte!"

„Sehr wohl, junger Mann!"

Moritz Schiller behandelt den Gymnasiasten sehr höflich und zuvorkommend. Er weiß, dass junge Leute älter werden und sich dann oft von bescheidenen Kleinkunden in großzügige Stammkunden verwandeln können.

Jetzt fügt er in servilem Tonfall hinzu:

„Nehmen Sie bitte dort drüben an dem Fenstertischchen Platz. Das Fräulein wird ihnen sogleich das Gewünschte bringen."

Zur selben Zeit bietet Franz Ferdinand seiner Gemahlin Sophie den Arm und beide gehen in den Hof des Rathauses. Dort werden sie bereits von Potiorek, Graf Harrach und dem Chauffeur Loyka erwartet. Loyka hat auf Anweisung Harrachs das Verdeck des Gräf & Stift geschlossen.

Dem Thronfolger ist das gar nicht recht.

„Ich bitte Sie, machen Sie bei dieser Hitze das Dachl doch

wieder auf! Jetzt bin ich mit knapper Not einem Bombenanschlag entgangen! Glauben Sie, ich möcht an einem Hitzschlag sterben?"

Er lacht, Harrach und der Landeshauptmann stimmen ein. Loyka tut, wie ihm geheißen, und öffnet das Verdeck.

Gavrilo Princip hat sich auf den ihm zugewiesenen Platz gesetzt. Dabei kann er das aufgeregt geführte Gespräch mithören, das zwei Damen am Nachbartisch führen.

„Es war ein Wunder. Ein göttliches Wunder!", sagt die eine der beiden.

Und die andere fügt im Brustton der Überzeugung hinzu:

„Ja, der Herrgott ist immer schon auf der Seite unseres Herrscherhauses gestanden! Darum sagt man ja auch *Kaiser von Gottes Gnaden.*"

„Richtig!", ergänzt die erste Dame, nachdem sie einen Schluck Kaffee und einen Bissen von der Cremeschnitte genommen hat. „Revolutionen kommen und gehen, das Kaiserhaus aber bleibt bestehen! In alle Ewigkeit."

„Amen!", ergänzt die zweite, zückt ein seidenes Schnupftüchlein und wischt sich eine imaginäre Träne aus dem Auge.

Eine einzige Bombe und ein einziger Schuss können Dynastien zum Stürzen bringen!, denkt der Gymnasiast bei sich. Aber der Dummkopf Nedeljko Čabrinović hat alles versaut. Es wäre besser gewesen, dieser dumme Sohn eines Kaffeesieders hätte nichts getan und die Wagenkolonne an sich vorbeifahren lassen. Denn dann wäre er, Gavrilo Princip, am Zug gewesen. Und er hätte schon dafür gesorgt, dass die Geschichte eine neue Wendung genommen hätte.

Er sieht sich um. In dem Delikatessengeschäft stehen nur drei Kaffeehaustischchen. An einem sitzt er selbst, am zweiten die beiden Damen, am dritten ein Leutnant mit einem jungen Mädchen. Der junge Offizier starrt sein Gegenüber verliebt an und scheint nicht wahrzunehmen, was um ihn herum vorgeht.

Unwillkürlich fährt Princips Hand in die Außentasche seiner Sommerjacke. Er fühlt den kalten Stahl der „Browning". Er erinnert sich schmerzlich daran, wie schlecht seine Schießleistung bei den Übungen gewesen war.

Im Ernstfall, hatte er sich damals fest vorgenommen, im Ernstfall werde ich nicht mehr zielen, sondern mit geschlossenen Augen schießen!

Denn er war zu der felsenfesten Überzeugung gelangt, dass es dem Schicksal überlassen sein müsse, im richtigen Moment jene Hand zu führen, die mit einem einzigen Schuss den Lauf der Geschichte verändern würde.

Leider, denkt Princip jetzt bei sich, leider bin ich nicht der, den das Schicksal auserwählt hat! Mit diesem Gedanken landet er wieder im Hier und Jetzt. Er nimmt einen hastigen Biss von seinem Butterbrot und einen Schluck vom Milchkaffee. Beides hat ihm das Servierfräulein vor wenigen Augenblicken hingestellt, ohne dass es ihm aufgefallen wäre. Nun nickt er dem Mädchen zu und sagt laut, auf das Servierte deutend:

„Vielen Dank! Entschuldigen Sie, ich war in Gedanken!"

Das Mädchen lächelt ihm zu. Auch den Damen am Nebentisch ist die Freundlichkeit des jungen Gastes nicht entgangen.

„Was für ein höflicher junger Mann!", sagt die eine. Und die andere fügt mit einem tiefen Seufzer hinzu:

„Ja. Gottlob gibt es solche auch noch. Aber sie sind sehr selten geworden!"

Die Wagenkolonne des Thronfolgers hat das Rathaus bereits verlassen. Mit offenem Verdeck fährt man in langsamem Tempo neuerlich dem Appel-Kai entlang. Vor dem Gräf & Stift das Auto des Polizeipräsidenten, dahinter eine weitere Limousine mit Polizeibeamten in Zivil, die misstrauisch die Umgebung im Auge behalten.

Auf dem Trittbrett an der linken Wagenseite des Gräf & Stift steht Oberstleutnant Harrach. Warum er denn da stehenbleiben wolle, hatte ihn Franz Ferdinand gefragt, bevor man losgefahren war.

„Kaiserliche Hoheit! Ich sichere Ihnen auf diese Weise die Flanke. Für alle Fälle."

Sophie hatte sich bedankt und der Thronfolger nachgefragt, ob der Freund denn keine Angst habe, vom Trittbrett herunterzufallen. Er habe das geübt, hatte Harrach erwidert und dem Chauffeur bedeutet, er solle losfahren.

„Und zwar: zum Garnisonsspital, ja?", ergänzte Franz Ferdinand

Harrach, der wusste, dass sein Fahrer ortsunkundig war, meinte daraufhin:

„Sie fahren einfach dem Bürgermeisterwagen nach, Loyka. Dessen Fahrer kennt sich hier sicher sehr gut aus!"

Natürlich! Wer sollte besser den Straßenplan von Sarajevo kennen als der Fahrer des Bürgermeisters?

Allerdings wurde keiner der Herren, die in diesem Wagen sitzen – weder der Bürgermeister noch der Polizeichef und schon gar nicht der Fahrer – darüber informiert, dass der Erzherzog die Fahrtroute unmittelbar vor der Abfahrt geändert hatte.

Und plötzlich ruft der Thronfolger aus dem Fond des Wagens:

„Wo fahren wir denn hin? Wir müssen doch auf dem Appel-Kai bleiben, wenn wir ins Garnisonsspital wollen!"

Loyka bremst hektisch. Und Graf Harrach wendet sich, nach wie vor auf dem Trittbrett stehend, zu seinem Freund:

„Verzeihung, Kaiserliche Hoheit. Der Chauffeur handelt doch nur meinem Befehl gemäß: Er folgt dem Bürgermeisterwagen!"

Und dieser ist, entsprechend der ursprünglich vorgesehenen Stadtbesichtigungs-Tour, in die Franz-Josef-Straße eingebogen. Dort ist nun Loyka mit dem Wagen des Thronfolgers stehengeblieben. Unmittelbar vor dem Café Schiller.

Drinnen wendet sich Princip eben der Kellnerin zu – und damit vom Straßenfenster ab.

„Fräulein! Zahlen bitte!", ruft er.

Eilfertig dreht sich die Kellnerin zu ihm um und erstarrt in der Bewegung. Denn draußen auf der engen Straße gibt es Interessantes zu sehen.

„Reversieren Sie einfach, Loyka. Es ist ein bisserl eng hier, aber Sie schaffen das schon!!"

Dieser Anordnung seines Chefs kommt der Chauffeur sofort schwitzend nach.

Der 19-jährige Gavrilo Princip läuft mit gezogener Waffe aus dem Café und feuert vier Schüsse ab. Er tut dies „blind", ohne zu zielen, wie er später angibt. Franz Ferdinand und seine Frau Sophie sterben noch am Tatort. Sie hinterlassen drei Kinder: den zehnjährigen Ernst, den elfjährigen Maximilian und die zwölfjährige Sophie.

Am 28. Juli 1914 erklärt Österreich-Ungarn dem Königreich Serbien den Krieg.

Während der Gerichtsverhandlung im Oktober 1914 betont der Angeklagte Gavrilo Princip mehrmals, dass er es sehr bedaure, die tschechischstämmige Sophie anstelle des verhassten Landeshauptmannes und Feldzeugmeisters Oscar Potiorek getötet zu haben.

Das Gericht verurteilt ihn zu zwanzig Jahren Haft, die er in einer fensterlosen Zelle in der Kleinen Festung Theresienstadt absitzen muss. Er stirbt am 24. April 1918 an Knochentuberkulose und Unterernährung.

Schreckliche historische Ereignisse haben immer eine ganze Reihe von Ursachen. Es wäre also unsinnig, würde man den Ausbruch des Ersten Weltkriegs darauf zurückführen, dass zwei Männer zu einem unglückseligen Zeitpunkt Appetit verspüren: der jüngere auf ein Butterbrot, der ältere auf einen Tafelspitz.

Trotzdem hätte die Weltgeschichte *ohne* dieses Butterbrot und diesen Tafelspitz auch ganz anders verlaufen können.

Um diesen Gedanken zu entfliehen, machen wir uns jetzt etwas Schönes zum Essen. Auch wir verspüren Appetit auf eine gute Rindsuppe und ein gekochtes Rindfleisch.

„Tafelspitz" könnte in diesem Zusammenhang aber etwas geschmacklos wirken. Also gibt's ein Schulterscherzel.

Und damit sich der Aufwand auszahlt, gleich mit drei Beilagen. Und davor kredenzen wir eine Grießnockerlsuppe.

Grießnockerlsuppe

Zutaten:
1 l Rindsuppe mit fein geschnittenem Wurzelwerk
(von der Schulterscherzel-Zubereitung, siehe unten)
Schnittlauch, fein geschnitten
Salz

für die Nockerln:
1 Ei (zwischen 50 und 60 g)
dieselbe Menge Butter
die doppelte Menge Grieß
Muskatnuss
Salz
(Für dieses Rezept empfiehlt sich eine exakt funktionierende Küchenwaage mit Digitalanzeige.)

Butter sanft erhitzen, bis sie sich verflüssigt hat; sofort vom Feuer nehmen und das Ei mit dem Schneebesen einrühren und darauf den Grieß einarbeiten; mit Salz und etwas geriebener Muskatnuss würzen. Aus der Masse mit zwei Kaffeelöffeln oder mit den Händen acht Nockerln formen; in Salzwasser sanft wallend köcheln lassen, bis alle an die Oberfläche aufgestiegen sind (dauert circa fünf Minuten).
Kochtopf vom Herd nehmen, Nockerln herausnehmen, mit kaltem Wasser abschrecken und zugedeckt dreißig Minuten im Kochwasser ziehen lassen.
Nockerln in die Suppe geben, Schnittlauch einstreuen und servieren

Gekochtes Schulterscherzel

Zutaten:
2 kg Schulterscherzel, schön pariert, vom Fleischer Ihres Vertrauens
circa 300 g geschältes Wurzelwerk (Karotte, gelbe Rübe, Petersilienwurzel, Sellerie)

1 große Zwiebel mit Schale, halbiert
1 halbe Stange Lauch (vom weißen Teil)
10 Körner schwarzer Pfeffer
4 Bio-Rindsuppenwürfel
1 TL Liebstöckel, getrocknet

Zwiebelhälften in einer Stahl- oder Gusseisenpfanne an den Schnittstellen ohne Fett erhitzen, bis sie dunkelbraun sind.
In einem geräumigen Topf drei Liter Wasser zum Kochen bringen.
Mit einem Schneebesen die Suppenwürfel einrühren.
Schulterscherzel einlegen.
Circa zweieinhalb Stunden kochen, ab zwei Stunden Garproben machen – das Fleisch also anstechen, ob es bereits weich genug ist.
Circa dreißig Minuten vor Garungsende das Wurzelgemüse mitkochen, danach für die Suppe in Scheibchen oder Stifte schneiden.
das fertig gekochte Schulterscherzel in Tranchen schneiden und diese bis zum Servieren in eine Pfanne legen, mit etwas Suppe bedecken und zugedeckt warm halten.

Erdäpfelschmarren

Zutaten:
800 g mehlige Kartoffeln
100 g Zwiebeln, feingehackt
1 TL getrockneter Majoran
Muskatnuss
Salz
Pfeffer
4 EL Schmalz oder Öl

Die Kartoffeln kernig kochen, ausdampfen lassen, schälen;
mit einem Messer in grobe Stücke schneiden.
In einer Gusseisen- oder beschichteten Pfanne bei mittlerer Hitze Schweineschmalz oder Öl erhitzen.
Erdäpfelstücke einfüllen und unter ständigem Rühren hell anbräunen;

dann die geschnittenen Zwiebeln beigeben, mit Majoran, geriebener Muskatnuss, Salz und Pfeffer würzen.
Alles weiter rösten, dabei das Rühren nicht vergessen.
Wenn nötig, noch den einen oder anderen Löffel Schmalz oder Öl beigeben.
Diese Prozedur dauert dreißig bis vierzig Minuten – dann sollte ein schön gebräuntes Resultat vorliegen.

Semmelkren

Zutaten:
2 Semmeln vom Vortag
circa ½ l Rindsuppe
frisch geriebener Kren
Salz
Pfeffer

Semmeln in Scheiben schneiden, in einen Topf geben, mit einem ¼ l heißer Suppe aufgießen und diese zum Kochen bringen; unter Rühren den Rest der Suppe nachgießen, bis ein nicht zu dünnflüssiger Brei entsteht; geriebenen Kren nach „Schärfegeschmack" einrühren (10 bis 20 g) und mit Salz und Pfeffer abschmecken.

Rahmkohlrabi

Zutaten:
800 g Kohlrabi, geschält und von den holzigen Teilen befreit
20 g glattes Mehl
20 g Butter
2 dl Kohlrabi-Sud
1 Bio-Gemüsesuppenwürfel
1 dl Sauerrahm
etwas gehackte Petersilie

Salz
Pfeffer
1 halbe Zitrone

Die Kohlrabi vierteln, in dünne Streifen schneiden und in Salzwasser kernig weich kochen (10 bis 12 Minuten).
Aus dem Sud heben und den Sud nach Beifügen des Suppenwürfels reduzierend auf circa zwanzig dl einkochen und dann vom Herd nehmen.
Mehl in Butter hell anschwitzen, Sud nach und nach unter Rühren mit der Schneerute zugießen.
In diese „Roux" (= „Einbrenn" oder „Mehlschwitze") den Sauerrahm einrühren und alles kurz aufkochen lassen.
Kohlrabi und Petersilie beifügen und mit Zitronensaft, Salz und Pfeffer abschmecken.

Mackies Messer

Ja, der Haifisch hat kaum Gräten,
denn er ist ein Knorpelfisch.
Und der Mackie hat ein Messer –
er benutzt es künstlerisch.

Er zersägt den Haifischkörper
in ganz dicke Haifischsteaks.
Und die wirft er auf den Grillrost,
dabei kaut er Butterkeks.

Viele Gäste auf dem Feste
tragen Cut und Seidenhemd;
alle Damen Abendroben
und sie wirken nicht verklemmt.

Mackie grillt die Steaks nur sehr kurz,
denn sie werden ja schnell zäh.
Und das Fischblut spritzt den Damen
beim Essen dann ins Dekolletee.

Der Champagner fließt in Strömen
und die Stimmung steigt empor.
Jedes Jahr gibt's so ein Grillfest
hier bei unserm Kirchenchor!

Geht die Fete dann zu Ende,
putzt der Mackie alles weg.
Und er kratzt auch von dem Grillrost
mit dem Messer jeden Dreck.

Denn der Mackie ist der Mesner
und die Pfarre seine Welt.
Katholiken mögen ihn sehr,
was dem Mackie gut gefällt.

Mackie Mesner geht nach Hause,
brät sich Pilze auf dem Herd.
Denn der Mackie ist Veganer,
der nie Haifischsteaks verzehrt!

Bertolt Brecht (1898–1956) wird es uns sicher verzeihen, dass wir uns für den Originaltext nicht nur bei ihm, sondern auch bei seiner Mitautorin der „Dreigroschenoper", Elisabeth Hauptmann (1897–1973), sehr herzlich bedanken.
Oft ist dies ohnehin nicht geschehen.

Original oder Fälschung?

Doppelt hält besser!

Publius OVIDIUS NASO
Römischer Dichter
43 v. Chr. bis 17 n. Chr.

Jedes Ding hat bekanntlich zwei Seiten. „Eine helle und eine dunkle", sagten die abendländischen Mystiker. „Yin und Yang", sagten die alten Chinesen, was neuzeitliche Esoteriker gerne wiederholen.

Wenn von zwei Dingen aber behauptet wird, dass sie ein und dasselbe wären, dann führt das im Regelfall zu Verunsicherung, die häufig in der unvermeidlich scheinenden Frage endet:

„Welches von den beiden ist denn das Original und welches die Fälschung?"

Da wird dann meist nach Urheberrechtsexperten Ausschau gehalten, die mit detektivischem Spürsinn die Wahrheit ergründen sollen. In diesem Fall sind wir zwei zur Stelle. Wir laden Sie, geschätzte historisch interessierte Leserin, und auch Sie, lieber hungriger Leser, zu einer Zeitreise in das Jahr 1955 ein.

Zwei Fotos zum Staatsvertrag

Stellen Sie sich vor, es wäre heute der 15. Mai 1955. An diesem Tag wird in Wien bekanntlich Geschichte geschrieben. Der österreichische Außenminister Leopold Figl tritt auf den Balkon des Wiener Belvederes und wird dabei von vier anderen Außenministern flankiert: dem Engländer Harold Macmillan, dem Amerikaner John Foster Dulles, dem Franzosen Antoine Pinay und dem Russen Wjatscheslaw Michailowitsch Molotow, dem Schöpfer des gleichnamigen Cocktails. Der „Figl-Poldl", wie er damals von so gut wie allen Landsleuten, unabhängig von deren politischer Gesinnung geradezu liebevoll genannt wird, hält enthusiasmiert das mehrfach unterschriebene und gesiegelte multilaterale Vertragswerk in einer Jubelpose hoch.

Alle Österreicherinnen und Österreicher kennen dieses Bild und wir alle wissen: Das ist unser Staatsvertragsfoto! Ein einmaliges Bild. Lebendig, dynamisch, das Magische dieser Stunde genial einfangend. Gemacht wurde es von dem großartigen Fotografen Erich Lessing. Dieser 2018 im Alter von 95 Jahren verstorbene Fotokünstler war schon zu Lebzeiten eine international bekannte Legende.

So. Und jetzt kommt's: Lessings Staatsvertragsfoto ist *nicht* das Original. Denn das Originalstaatsvertragsfoto kann logischerweise nur jenes sein, das von der österreichischen Bundesregierung offiziell in Auftrag gegeben wurde. Dieses ist allerdings weit weniger bekannt, wurde im Marmorsaal des Belvederes geknipst und zeigt die Staatsmänner beim Signieren des Vertragswerks. Dieses fotografische Festhalten einer Unterschriftszeremonie hat in etwa dieselbe emotionale Wirkkraft wie ein Passfoto. Aber: Jedes Ding hat eben zwei Seiten. Eine sachliche und eine emotionale.

Zwei Ölgemälde zum Staatsvertrag

Das trifft auch auf das nächste „Doppelding" des Staatsvertrages zu. Denn es gibt nicht nur zwei Fotos, die dieses historische Ereignis für die Nachwelt festhalten sollten, sondern auch zwei Gemälde. Und die sind beide echte Originale, und zwar in mehrfacher Hinsicht: Beide Werke sind nicht nur Originalbilder von zwei bekannten Künstlern, beide wurden auch „offiziell", also von staatlicher Seite, in Auftrag gegeben.

Ursprünglich wurde der Akademieprofessor Sergius Pauser mit dem künstlerischen Festhalten des Staatsakts beauftragt. Er machte Bleistiftskizzen während des Unterzeichnungsvorgangs. Darauf fertigte er zwei Ölbildskizzen an, denen von Fachleuten ein „moderner", weil nicht fotorealistischer, sondern eher „impressionistischer Stil" attestiert wurde.

Aber wie sagt man es in Ostösterreich traditionellerweise so schön? „Gusto und Ohrfeigen" sind verschieden.

Und dem schöngeistigen Gusto des St. Pöltener Baumeisters und damaligen Bundeskanzlers Ing. Julius Raab entsprach Pausers Werk offensichtlich ganz und gar nicht. Mit den historischen Worten: „Foahts oo mit dem Dreck – des moit da Fuchs!" soll er kurz, volksnah und unmissverständlich seinem Missfallen Ausdruck verliehen und stante pede den Auftrag neu vergeben haben. Ergo ward dem patriarchalisch geäußerten Kanzlerwunsch eilfertig Folge geleistet – Pauser wurde ausbezahlt und Robert Fuchs mit der bildnerischen Schöpfung eines Prunkbildes von imperialer Wucht beauftragt. Dieser Künstler war jeden Anflugs eines modernistischen Stils unverdächtig; war er doch bereits in den frühen Dreißigerjahren der damals in Österreich illegalen NSDAP beigetreten.

So gut wie alle österreichischen Nazis und auch wie jene, die zu keiner Zeit irgendetwas gewusst haben, stand er nunmehr mit beiden Beinen fest auf dem Boden der Demokratie. Dies hatte sich nicht zuletzt auch darin geäußert, dass er eine ganze Reihe fotorealistischer Ölporträts von Persönlichkeiten des neuen, des demokratischen Österreichs gemalt hatte – nicht zuletzt auch eines von Julius Raab. Dass Fuchsens Stil von ironischen Zeitgenossen angeblich als ÖVP-Version des stalinistischen Sozialistischen Realismus bezeichnet wurde, ist natürlich billige Polemik. Denn egal, ob man damals schwarz, rot oder blaubraun wählte: Eine solide Mehrheit der österreichischen Bevölkerung lehnt in dieser Zeit alles Abstrakte, Surreale, Kubistische, Expressionistische und Impressionistische ab. Genauso wie das die Stalinisten taten, oder die Nazis. Deren schrecklicher Ausdruck von der „Entarteten Kunst" hielt sich bis in die 1970er-Jahre stabil an den Stammtischen, wenn man dort zu einschlägigen „Fachgesprächen" ansetzte.

Das Staatsvertragsgemälde des Robert Fuchs entsprach in seinem Hardcore-Naturalismus sicherlich zu hundert Prozent der Erwartung des auftraggebenden Kanzlers und die Kritik aus Künstlerinnen- und Künstlerkreisen wurde staatsmännisch lächelnd weggesteckt.

Es darf aber durchaus als Ironie der Geschichte betrachtet werden, dass Fuchsens Opus auch fiktionale, man könnte sagen geradezu „popartähnliche" Aspekte enthält. Denn bedingt durch die Tatsache, dass der Maler beim Staatsakt nicht persönlich anwesend war, passierten ihm bei der Rekonstruktion des Geschehenen trotz allen Strebens nach fotografischer Imitationsgenauigkeit einige Fehler. Denn auf dem gewaltigen Staatsvertrags-Ölbild fanden sich damals zu ihrem Erstaunen einige österreichische Persönlichkeiten abgebildet, die bei dem Staatsakt gar nicht zugegen waren.

Na und? Sicher geben heute noch manche Urenkel damit an, dass der Ur-Opa in dieser historischen Stunde mit dabei war. Und vielleicht sogar jovial zum Figl-Poldl sagte:

„Du, ich hab einen Riesenhunger! Was gibt's denn eigentlich heut' z' essen?"

Zwei Staatsvertrags-Menüs

Dass bei diesem historischen österreichischen Feiertag vieles doppelt auftrat, spiegelt sich auch im Kulinarischen wider. Denn das „Original österreichische Staatsvertragsmenü", das immer wieder gerne an runden Jubiläumstagen in heimischen Gasthöfen und Restaurants jubelnden „I am from Austria"-Patrioten fröhlich kredenzt wird, gibt es auch in zweifacher Ausfertigung – wobei wir minimale regionale Interpretations-Varianten unberücksichtigt lassen.

Unsere diesbezüglichen Internet-Recherchen haben zwei völlig unterschiedliche Menüs zutage gefördert, die beide von seriösen Gastronomie-Historikerinnen und ihren männlichen Pendants als „hundertprozentig authentisch" bezeichnet werden.

Die beiden Menüfolgen sehen folgendermaßen aus:

Staatsvertragsmenü I:
Bouillon en tasse mit Käsestangerl
Donauschill en belle vue
Ente à l'Orange
Erdbeercreme und Mokka

Bier zu diesem Menü:
Gösser Bier

Wein- und Sektbegleitung zu diesem Menü:
Dürnsteiner Riesling Spätlese 1953
Ruster Blaufränkischer 1953
Sparkling Goldeck extra dry

Staatsvertragsmenü II:
Brandteigkrapferl mit Gansleber
Kraftsuppe mit Markscheiben
Seezungenfilet in Weißweinsauce und Spargel
Filet mit Champignons und Paradeisern, Erdäpfel
Gefülltes Brathuhn, grüner Salat mit harten Eiern
Eiscreme und Mokka

Wein- und Sektbegleitung zu diesem Menü:
Dürnsteiner Katzensprung (= Grüner Veltliner)
Retzer Rotwein
Hochriegl Sekt

Was an beiden Menüs auffällt, ist die Tatsache, dass so gut wie alle „klassischen" Gerichte der österreichischen Küche fehlen: Wiener Schnitzel, Backhendl, Tafelspitz, Esterházy-Rostbraten, Steirisches Wurzelfleisch, Salzburger Nockerln, Tiroler Gröstl, Linzer- oder Sachertorte, Gulasch, Krautfleisch, Waldviertler Knödel, Kärntner Kasnudeln und Vorarlberger Kässpätzle sind allesamt nicht vertreten.

Im Gegensatz zur Seezunge aus Menü II könnte man den Donauschill in Menü I noch als „typisch österreichisch" durchgehen lassen – doch, bitte, warum musste man mit dem Attribut „en belle vue" so penetrant herumfranzöseln? Außerdem: Statt des Schills aus der Donau hätten wir einen aus dem Neusiedler See genommen. Der heißt dort zwar Fogosch, schmeckt aber deutlich besser. Dass die Ochsenschwanzsuppe als „Bouillon en tasse" daherkommt, lässt auch auf wenig kulinarisches Selbstbewusstsein schließen.

Nun ja: Vielleicht war es aber ja gar nicht so sehr im Interesse der Gastgeber, österreichische Kochkunst zu präsentieren, sondern man verfolgte schlicht und einfach das Ziel, die Vertreter der ausländischen Signatarmächte zufriedenzustellen. Dann wurden am intensivsten jedenfalls die Franzosen sowohl in der Auswahl der Gerichte wie auch in der Bezeichnung bedient: Das Seezungenfilet in Weißwein, den erwähnte Schill, selbstverständlich die Orangen-Ente und natürlich auch die „Bouillon en tasse" kann man durchaus als Hommage an die Grande Nation verstehen.

Das Filet mit Champignons und Paradeisern wird den steakaffinen Amis und Briten zugesagt haben.

Was aber war mit den Russen? Kein Borschtsch, keine Soljanka, keine Blinis mit Joghurt und Stör-Kaviar.

Wie reagierte Molotow? Der war begeistert. Denn das als „Tischmusik" beim Bankett engagierte Philharmoniker-Quartett intonierte den von ihm erbetenen Walzer „Wiener Blut" von Johann Strauß Sohn. Somit hatte Stalins langjähriger Lieblingsschüler an diesem Abend auf jeden Fall einen Ohrenschmaus, der seinen Erwartungen entsprach.

Bleibt also noch die Frage zu beantworten, was es mit den beiden Staatsvertragsmenüs denn nun tatsächlich auf sich hat. Wir haben da eine recht einleuchtend klingende Erklärung.

Das Menü des offiziellen Banketts im Schloss Schönbrunn dürfte das oben angeführte Menü II gewesen sein. Neben diesem fanden aber an diesem langen Tag noch mindestens zwei Essen statt.

Um 13.30 Uhr ein Empfang bei Bundespräsident Körner im Spiegelsaal der Hofburg mit 63 Gästen und um 21.00 Uhr ein Buffetempfang für 1200 Gäste nach dem Galabankett.

Es liegt also recht nahe, dass beim Bundespräsidentenempfang um 13.30 Uhr das Staatsvertragsmenü I kredenzt wurde – obwohl in einer ORF-Quelle behauptet wird, Präsident Körner habe zu einem „kleinen Frühstück" eingeladen.

Ein kleines Frühstück ab halb zwei Uhr Nachmittag? Das dann auch noch eineinhalb Stunden dauert?

Wer's glaubt, wird in diesem Fall nicht selig werden.

Bleibt allerdings noch die Frage zu klären: Welches Gericht aus den beiden Staatsvertragsmenüs wollen wir denn hier nun in Rezeptform vorlegen?

Nach langen Debatten sind wir zu dem Schluss gekommen: Gar keines! Stattdessen haben wir unsere Kochbuchsammlungen befragt und uns dabei aus allen neun Bundesländern jeweils EIN mehr oder weniger typisches Gericht ausgesucht.

Erleben Sie also unser *neungängiges* Österreichmenü!

Eine patriotische Tat, bei der wir jetzt schon ahnen, dass harsche Kritik auf uns wartet.

Aber – wie hieß es schon immer hierzulande?

Wer schimpft, der kauft.

Das neungängige österreichische Ganztagsmenü

Zuerst einmal wollen wir uns mit dem *Frühstück* beschäftigen.

Im ländlichen Raum war es in Österreich jahrhundertelang üblich, in der Früh, vor dem Beginn des Tagewerks, ein kräftigendes Süpplein zu verzehren. In manchen Regionen soll diese Praxis bis in die 1960er-Jahre beibehalten worden sein. Nachdem hierzulande in jüngerer Zeit dank wertkonservativer Regierungskonzepte der Zwölfstundentag wieder fröhliche Urständ feiert, könnte man diese kräftigende Frühstückssuppe sinnvollerweise wieder aufleben lassen – durchaus auch für gestresste CEOs im PR-Bereich.

Denn so eine Milchrahm- oder Kalbseinmachsuppe in aller Herrgottsfrühe ist allemal deutlich kräftiger als ein großer Nespresso plus Koks-Straße.

Konkret bieten wir hierfür eine echte Tiroler Morgensuppenvariante an. Und zwar auch und gerade für alle aus Ostösterreich stammenden Politquereinsteiger, die gerne Volks-Rock'n'Roll hören und bei der Frage nach dem höchsten Berg Österreichs gerne den Ortler nennen.

„Aber der liegt doch bei uns in Südtirol!", sagen darauf die Südtiroler. Und die meisten fügen hinzu: „Und Südtirol gehört zu Italien. Und wir auch."

Und dann wird der ostösterreichische Politquereinsteiger ganz nervös. Denn er muss jetzt die österreichischen Zweitpässe, die seine Kameraden schon für alle Südtiroler drucken ließen, sofort auf dem Hackstock mit der Hacke zerkleinern. Er wagt es nicht, sie schreddern zu lassen. Mit dieser Methode hat der ehemalige Regierungspartner ganz schlechte Erfahrungen gemacht.

„Ach was, Mann, weine nicht!", rufen wir ihm über alle weltanschaulichen Grenzen hinweg zu. „Zum Trost haben wir für dich ein Südtiroler Morgensüpplein!"

Terlaner Weinsuppe

Zutaten:
⅛ l trockener Weißwein oder Prosecco
½ l Rindsuppe
100 ml Schlagobers
3 Eidotter
Salz
2 Scheiben Toastbrot, in Würfel geschnitten
Butter
Zimt
Muskatnuss

Die Toastbrotwürfel in Butter goldbraun anrösten, mit ein wenig Zimt bestreuen und beiseitestellen.
Suppe und Wein zum Kochen bringen und vom Herd nehmen.

Eidotter und Schlagobers verschlagen, in die Suppe einrühren. Nochmal leicht erhitzen und so lange weiter schlagen, bis die Suppe cremig ist. Mit Salz, Muskatnuss und Zimt abschmecken und die Zimtcroutons beigeben. Sofort servieren.

Aber zurück zum Zwölf-Stunden-Tag: Wer schon ab sechs Uhr in der Früh in das Notebook hämmert, der braucht natürlich spätestens um neun Uhr wieder etwas Warmes im Magen. Früher nannte man das hierzulande *Gabelfrühstück*. In jenen Schreckensjahren, in denen Sozis mit den mit ihnen verbündeten „Alternaiverln" die 30-Stunden-Woche und eine Slim-Fit-Figur anstrebten, kam diese Zwischenmahlzeit leider aus der Mode. Jetzt, da man um einen Nasenrammel wieder bis zum Abwinken hackeln muss, feiert dieser kräftigende, saftige Imbiss ein fulminantes Comeback.

Wiener Saftgulasch

Zutaten:
1 kg Rinderwadschunken, pariert und in große Würfel geschnitten
1 kg Zwiebeln, feingeschnitten
Rapsöl
4 EL Paprika, edelsüß
½ l Rindsuppe
2 Knoblauchzehen, zerdrückt
Salz und Pfeffer
Kümmelpulver
Majoran
Zitronenschale, feingehackt
Weinessig

Zwiebeln in einem großen Topf braun rösten, Paprikapulver zügig einrühren sofort mit etwas Essig und Wasser ablöschen. Suppe eingießen, Fleisch, Tomatenmark, Knoblauch und die anderen Gewürze bei-

fügen, alles durchrühren und zugedeckt schwach wallend circa drei Stunden lang dünsten.
Die Hälfte des Gulaschs reicht für vier schöne Gabelfrühstücke, die man am besten mit einem Seidel Bier und einer Handsemmel zu sich nimmt.

Das *Mittagessen* am Zwölf-Stunden-Arbeitstag bietet im Regelfall der jungen, dynamischen Monsanto-Influencerin neuzeitlicher Prägung wie auch dem klassischen, gereiften Pharma-Lobbyisten mit aufkeimender Prostataproblematik eine schöne Möglichkeit, Politiker beiderlei Geschlechts davon zu überzeugen, dass pure Natur schlicht Scheiße ist. Dem Zeitgeist entsprechend wird für das Geschäftsessen eine recht rustikale dreigängige Speisenfolge gewählt.

Suppe nach Kärntner Art

Zutaten:
2 Hühnerkeulen
150 g Schweinsschulter
150 g Kalbsschulter
150 g Lammschulter
1 l Wasser
Wurzelgemüse (1 Karotte, 1 gelbe Rübe, ¼ Knollensellerie), geschält
5 Pfefferkörner
2 Gewürznelken
1 Lorbeerblatt
¼ l Rahm
2 EL Mehl
2 Eidotter
4 Safranfäden
$\frac{1}{16}$ l trockener Weißwein
Salz

Fleisch, Hühnerkeulen und Gewürze (außer Safran) bei kleiner Hitze weich kochen, dabei den aufsteigenden Schaum immer wieder abschöpfen. Nach 90 Minuten das Wurzelgemüse beifügen und alles weitere dreißig Minuten kochen.
Die Suppe abseihen, Lorbeerblatt, Pfefferkörner und Gewürznelken entfernen.
Gemüse und Fleisch aus der Suppe heben. Die Hühnerkeulen entbeinen und enthäuten; alles in mundgerechte Stücke schneiden.
Rahm, Eidotter und Mehl verrühren.
Die Suppe zum Kochen bringen und Safran beifügen.
Zuerst den Wein eingießen, dann das Rahm-Dotter-Mehl-Gemisch einrühren.
Mit Salz abschmecken.

Gebackener Waldviertler Karpfen

Zutaten:
4 geschröpfte Filets vom Waldviertler Bio-Karpfen
2 verquirlte Eier
glattes Mehl
Semmelbrösel
Rapsöl zum Backen
Zitronenspalten
Salz

Karpfenfilets salzen und panieren. Schwimmend in Öl backen, auf Küchenrollen-Papier entfetten, mit den Zitronenspalten anrichten und mit Erdäpfelsalat servieren.

Erdäpfelsalat

Zutaten:
½ kg Salatkarttoffeln
100–120 ml Rapsöl
50 ml Weißweinessig
1 TL Dijon-Senf
1 rote Zwiebel, feingehackt
Pfeffer und Salz
Schnittlauch, in kleine Röllchen geschnitten

Salaterdäpfel kernig kochen, dauert je nach Sorte zwischen zwanzig und dreißig Minuten.
In der Zwischenzeit die Marinade mischen und die Zwiebel dazugeben.
Die noch warmen Erdäpfel in dünne Scheiben schneiden, schichtweise in eine Salatschüssel einlegen: Die ersten Kartoffelscheiben salzen und pfeffern, darauf etwas Marinade geben, die nächsten Kartoffelscheiben darauf – salzen, pfeffern, marinieren usw.
Am Ende alles gut durchmischen, abschmecken und bei Zimmertemperatur mindestens ½ Stunde „einwirken" lassen. Vor dem Servieren mit Schnittlauch bestreuen.

Besoffener Kapuziner aus Oberösterreich

Zutaten:
4 Eidotter
4 Eiklar
100 g Staubzucker
40 g geriebene Schokolade
40 g geriebene, geröstete Haselnüsse
40 g Mehl
Butter und Mehl für die Auflaufform
Vanille-Eis

Mostsauce:
100 g Zucker
¹⁄₁₀ l Orangensaft
¹⁄₁₀ l Cointreau
¼ l Weißwein
¹⁄₁₆ l Wasser

Backrohr auf 170° vorheizen.
Haselnüsse, Schokolade und Mehl mischen. Die Dotter mit der Hälfte des Zuckers schaumig rühren und Eiklar mit dem Rest des Zuckers zu steifem Schnee schlagen. Ein Viertel der Schneemenge der Dottermasse unterheben. Dann mit dem restlichen Schnee auch die Haselnuss-Schokoladenmischung mit dem Kochlöffel einmengen, sodass eine glatte Masse entsteht.
In eine gefettete und bemehlte Auflaufform die Masse etwa zwei bis drei Finger hoch gleichmäßig einstreichen und für circa 35 Minuten im Rohr backen.
Inzwischen die alle Bestandteile der Mostsauce vermischen, einmal aufkochen lassen und durchrühren.
Die „Kapuzinermasse" portionieren, auf Tellern anrichten, mit der Weinsauce „tränken" und jede Portion mit einer Kugel Vanilleeis „krönen".

Der späte Nachmittag – so zwischen 17.00 und 18.00 Uhr – ist für viele Werktätige die Schnittstelle zwischen Bürostress und neuzeitlichem Home-Office-Stress. Gerade jetzt sollte man sich eine echte Auszeit in Form der traditionellen *Jause* gönnen. Und wo macht man das am besten? Richtig. An einem Imbissstand.

Salzburger Bosna

Nein! Hier gibt's kein Rezept zum Nachkochen. Denn eine Jause in der Arbeitspause macht man sicher nicht zu Hause!

TIPP: Näheres über die legendäre Bosna erfahren Sie im letzten Kapitel dieses Buches.

Nach einem erfüllenden Zwölf-Stunden-Arbeitstag ist es natürlich zu Hause am schönsten. Wenn Papa und Mama zusammenhelfen, dann bekommen sie schon bis 23.00 Uhr ein herrlich leichtes *Abendessen* hin, das sie gemeinsam mit ihren einenhalb Kindern, die eine moderne Durchschnittsfamilie hat, genießen können. Während des Essens sollte übrigens der Fernsehapparat bei voller Lautstärke laufen. Nur so kann garantiert werden, dass die abendliche Nachtmahlidylle nicht durch Familiengespräche gestört wird.

Wir sagen: „Mahlzeit!" Und wünschen eine gute Nacht.

Montafoner Käsesuppe

Zutaten:
1 l Rindsuppe
2 Scheiben Toastbrot, in Würfel geschnitten
200 g Emmentaler, gerieben
3 EL Butter
3 EL glattes Mehl
1 Ei
1–2 EL Sauerrahm
1 Stamperl Kirschbrand
4 Frühlingszwiebeln, jeweils geviertelt
1 kleine Karotte, in feine Scheiben geschnitten
Butter zum Anrösten des Gemüses und der Toastbrot-Croutons

Die Toastbrotwürfel in Butter goldgelb anrösten – beiseitestellen.
Karottenscheiben und Frühlingszwiebeln in Butter anschwitzen.
Ei und Sauerrahm versprudeln.

In einem Topf das Mehl in Butter licht anrösten, etwas heiße Suppe eingießen, mit der Schneerute sorgfältig durchrühren.
Mit dem Rest der Suppe aufgießen, weiterrühren und durchkochen lassen. Käse beifügen und weiterrühren, bis der Käse vollständig geschmolzen ist. Mit Pfeffer und Kirschbrand abschmecken, dann Topf vom Herd nehmen.
Das Rahm-Gemisch einrühren, Suppe noch einmal abschmecken. Röstgemüse und Croutons in vorgewärmte Teller geben, heiße Suppe eingießen und sofort servieren.

Steirisches Wurzelfleisch

Zutaten:
1 kg Schopfbraten
300 g Wurzelwerk in Stifte geschnitten (Karotte, gelbe Rübe, Sellerie – zu gleichen Teilen)
1 Stange Lauch (nur das weiße), in Scheiben geschnitten
1 Lorbeerblatt
frisch gerissener Kren
Essig
Salz und Pfeffer

Wasser mit einem Schuss Essig zum Kochen bringen, den Schopfbraten und das Lorbeerblatt einlegen und bei kleiner Hitze circa 80 Minuten köcheln lassen. Dann das geschnittene Gemüse beifügen und den Sud ein wenig salzen. Das Gemüse beigeben und weitere zwanzig bis dreißig Minuten mitköcheln. Das Fleisch in portionsgerechte Scheiben schneiden, pfeffern und salzen und auf vorgewärmte Teller legen. Das Gemüse auf das Fleisch legen und mit etwas Sud übergießen. Mit gekochten Erdäpfeln servieren.

Burgenländisches Wein-Chaudeau mit Schneenockerln

Zutaten:
¼ l burgenländischer Weißwein (z. B. Pinot Blanc oder Chardonnay)
1 Ei, 2 Eidotter, 100 g Staubzucker
4 Eiklar
140 g Kristallzucker

Schneenockerln: Eiklar zu Schnee schlagen. Sobald dieser fest zu werden beginnt, den Kristallzucker nach und nach einrieseln lassen. In einem breiten Topf Wasser auf 70 bis 80° erhitzen. Mit zwei Esslöffeln Nocken formen, diese nebeneinander ins Wasser einlegen und circa zehn Minuten ziehen lassen. Garungsprobe, zitiert aus einem älteren Kochbuch: Wenn die Nockerln bei Fingerdruck leichten Widerstand zeigen, dann sind sie gar.
Die widerständigen Nockerln mit dem Schaumlöffel herausnehmen und abtropfen lassen.

Wein-Chaudeau: Alle Zutaten mit der Schneerute glatt verrühren. Dann über Dampf stark schlagen, bis sich die Masse nahezu verdoppelt hat und heiß geworden ist. Zügig mit den Schneenockerln servieren.

Schweindi ohne Beindi im Reindi

Ausse mitn Beindi
Ausse mitn Beindi
Ausse mitn Beindi
vom Schweindi.
Eine ins Reindi
mitn Schweindi
ohne Beindi.
Dann bindn das Schweindi
des gaunz ohne Beindi
mit'n Schnürl
mit'n Schnürl
mit'n Schnürl
und dann auf mit'n Türl
mit'n Türl vom Rohr
doch halt! Weu davor
muass aufs Schweindi
ohne Beindi
vielleicht a Schluck Weindi?
Reds do kan Bofel!
Kümme und Knofel
Pfeffer und Soiz
a Schworzbier mit Moiz
ghert aufs Schweindi im Reindi
und ois Unterlog s Beindi
und ois Unterlog s Beindi
und ois Unterlog s Beindi
Und des Schweindi, des bunden
kummt jetzt für drei Stunden
in Ofen bei hundertsechz'g Grad
Daun schmeckts wiara Traum
und mir fressen s glei zaum
Und am End?
Und am End?
Und am End?
Noch drei Stund und bei hundertsechz'g Grad?
Am End samma sott und wern blad.

Wir hoffen, Ernst Jandl (1925–2000) hätte seine Freude dran.

MULTI-KULTI-IMBISSSTAND

*Die Menschen brauchen nicht Freiheit,
sie brauchen Brot.*

Fjodor Michailowitsch DOSTOJEWSKI
Russischer Schriftsteller
1821–1881

Der kleine Imbiss ist eine große Kunst.

Man kann wohl davon ausgehen, dass in der Geschichte der Zivilisation der „große Braten" deutlich vor dem „kleinen Imbiss" entwickelt wurde. Denn unsere altsteinzeitlichen Vorfahren beherrschten es sicher schon relativ früh, eine Mammutlende oder ein Hirschsteak über offenem Feuer rosa zu braten. Spätestens dann war dies möglich, als ein spazierender Händler – ein fahrender konnte das ja noch nicht sein, da noch kein Fahrzeug erfunden war – als also dieser spazierende Händler auftauchte und in einem sehr frühen Altgriechisch sagte:

„Ich grüße euch! Mein Name ist Prometheus – nun sehet, was ich euch mitbringe, ihr Primitivlinge: Es ist ein Feuerzeug, das ich den Göttern gestohlen habe, um es euch Idioten zu schenken. Benutzt es weise, was bei eurem IQ schwer sein dürfte. Aber bitte versucht es wenigstens! Ich selbst mache mich nun auf zu einer weiten Reise – in den Kaukasus und dort wird's scheiße. Man schmiedet mich an einen Felsen und dabei stechen mich die Gelsen. Auch hackt an mir, dem armen Streber, ein Vogelschnabel an der Leber. Es ist, glaub ich, ein Weißkopfadler. Pfüat Gott, ihr Musikanten-Stadler!"

Kaum hatte er dies gesagt, zog er auch schon von dannen; so jedenfalls wurde uns das von Gustav Schwab und Michael Köhlmeier überliefert.

Bevor sie das Feuer entdeckt hatten, also unmittelbar nach der Vertreibung aus dem Paradiese, waren die Urmenschen schon in der Lage, sich ein paar Fische aus Flüssen und Seen zu fangen. Sie entgräteten sie mehr oder eher weniger akribisch und verzehrten sie als „Sashimi". Natürlich nannten sie dieses rohe Fischzeug nicht Sashimi. Das taten sie nicht einmal in Japan. Aber es war ohne Zweifel so etwas Ähnliches. Allerdings verzehrte man es ohne Stäbchen. Man führte es vielmehr mit den Fingern zum Mund, als „Fingerfood" sozusagen, wie das heute die jungen Wilden unter den Avantgarde-Köchinnen und -Köchen wieder gerne propagieren.

Bei ernsthafter Betrachtung der anthropologischen Forschungslage kommt man unweigerlich zu dem Schluss, dass die Ursprünge der sogenannten „gehobenen Küche" historisch deutlich weiter zurückgehen als jene der oft als „Junkfood" denunzierten Schnellimbissküche. Dazu liefern uns die Quellen kaum Brauchbares. Wie sind also auf Vermutungen angewiesen.

Möglicherweise sagte ja dann irgendwann in der tirolischen Jungsteinzeit ein gewisser Ötzi zu seiner Lebensgefährtin, deren Namen leider nicht überliefert wurde:

„Hör zu, Weib! Nacht für Nacht quält mich ein Traum: Ich sehe dich vor mir stehen, wie du zwei Scheiben unseres Dinkelbrotes röstest, dazwischen eine tüchtige Scheibe des von mir eigenhändig hervorragend geselchten Schinkenspecks und eine Scheibe Bergkäse legst ..."

„Ötzi!", unterbrach ihn die Gemahlin unwirsch. „Was du immer für Flausen im Kopf hast! Spitz jetzt die Ohren, du alter Träumer: Solange ich hier in meiner jungsteinzeitlichen Küche keinen vernünftigen Elektrotoaster stehen habe, so lange wird hier überhaupt nicht herumgeröstet. Hier hast du ein Stück trocken Brot! Die Butter kannst du dir ja mit deinem steinernen Taschenmesser selbst draufschmieren."

„Nein, Weib! Siehe, was ich hier habe!", erwiderte Ötzi und zeigte der Gemahlin sein funkelnagelneues Taschenmesser aus Bronze. „Das habe ich selbst gefertigt. Die Jungsteinzeit ist vorbei, Weib! Wir sind in der Bronzezeit angekommen. Grenzenloser Fortschritt wird von nun an unser Begleiter sein. Und darum sag ich zu dir jetzt auch nicht: ‚Lebewohl, Weib!' Ich sage: ‚Lebewohl, Frau!' Erstens, weil das neuzeitlicher klingt. Und zweitens, weil ich sogleich hinaufziehen werde in die geheimnisvolle Öde der Gletscherwelt, um die Götter um eine Eingebung zu bitten. Damit ich es schaffen kann, aus Bronze einen Toaster zu machen!"

Wiewohl ihn die Gemahlin daran hindern wollte, marschierte der Tiroler Sturschädel hinauf in die Berge. Dort aber lauerten bereits die Raubmörder, die ihm sein bronzenes Taschenmesser zu stehlen gedachten, auch dann, wenn dies dem Schöpfer desselben das Leben kosten sollte. Und so schwammen Ötzis innovative Gedanken in einem Meer von Blut davon und erfroren schließlich nach kurzem Kampfe im ewigen Eis.

Tausende von Jahren musste daraufhin die Menschheit auf die Erfindung des Sandwiches warten – denn nichts anderes als einen Prototyp desselben hatte Ötzi in seinem Traum gesehen. Diesen Traum Wirklichkeit werden zu lassen, gelang erst so um das Jahr 1765 herum dem englischen John Montagu, dem 4. Earl of Sandwich. Es schaffte das, obwohl auch ihm naturgemäß kein Elektrotoaster zur Verfügung stand.

Aber halten wir kurz inne!

Man muss sich das erst einmal bildhaft vorstellen: Thomas Twinings hatte schon längst, nämlich 1717, das erste Teegeschäft in London eröffnet, Friedrich Händel 1741 den „Messias" komponiert und was das Wichtigste ist: Seit gut 200 Jahren köchelte bereits ein elaboriertes Werk legendärer französischer Haute Cuisine, der Coq au Vin, in zahllosen französischen Kochtöpfen, ehe man das Sandwich erfand.

Das Charakteristische am Sandwich ist, dass es aus zwei Broten besteht, die einerseits getoastet sein und zweitens zwischen sich etwas anderes bergen sollten – Schinken, Käse, beim Earl war es angeblich Rindfleisch.

In diesem Verständnissinne sind also viele der jüngeren Kreationen der Schnellimbissküche nichts anderes als Abarten des guten, alten Sandwiches: der Schinken-Käse-Toast ebenso wie die Bosna, der Hamburger ebenso wie der Döner.

Bevor wir hier ins Detail gehen wollen, müssen wir aber ein feines Rezept veröffentlichen.

Es handelt sich dabei um eine französische Spielart des Käsetoasts, den sogenannten „Croque Monsieur", allerdings in einer typisch italienischen Interpretation. Wir stützen uns bei diesem Rezeptvorschlag auf das, was Arrigo Cipriani dazu veröffentlicht hat.

Croque Monsieur

150 g Emmentaler Käse
4 dünn geschnittene große Scheiben Beinschinken, mittig gefaltet
8 Scheiben großes Toastbrot, entrindet
1 TL Senf (Lustenauer oder Dijon)
1 TL Worcestersauße
1 Eigelb
Salz
Pfeffer
Olivenöl

Käse, Eigelb, Worcestersauße, Pfeffer und Senf in den Blitzschneider geben und zu einer streichfähigen Creme mixen.
Bei zu wenig streichfähiger Konsistenz etwas Obers beifügen und nochmal mixen.

Die Käsecreme auf alle Brotscheiben aufstreichen.
Die gefalteten Schinkenscheiben auf vier Brotscheiben auflegen, dann darüber die anderen Brote und fest andrücken.
Jeden Toast durchschneiden.

In einer beschichteten Pfanne die acht Toasts bei mittlerer Hitze beidseitig goldbraun braten und jeweils zur Hälfte in Papier gewickelt servieren.

Droht die Dönerisierung des Abendlandes?

Der Döner ist für Berlin, was die Pizza für New York ist: ein verpflanztes Essensgut, das in seinem Adoptivland ein neues Leben beginnt.

James ANGELOS im WALL STREET JOURNAL 2013

Stammt Piccata Milanese ursprünglich aus Wien oder das Wiener Schnitzel ursprünglich aus Mailand? Wer sich mit dieser heiklen Frage auseinandersetzt, wird für das eine wie für das andere in der Literatur viele glaubwürdige Argumente finden.

Oder aber solche, die weder das eine noch das andere bestätigen.

So soll es schon im alten Byzanz – circa um 800 nach Christus – in gehobenen Kreisen Mode gewesen sein, Fleischstücke mit Bröseln aus Blattgold zu panieren. Erst viel später, vermutlich nach der epochalen Erfindung der Semmelbrösel, die wir historisch leider nicht festmachen können, wurden die kostspieligen Goldbrösel durch ebendiese ersetzt.

Ob dies nun erstmalig in Byzanz/Istanbul, Wien oder Mailand geschah?

Wir haben leider keine Ahnung.

Dafür vermeinten wir lange Zeit mit Sicherheit zu wissen, dass Kebab eine türkische Erfindung sei. Obwohl wir beide, Erwin und Fritz, diese Speise zum ersten Mal in Griechenland gegessen haben. An unterschiedlichen Orten, aber in etwa zur selben Zeit, Anfang der 1970er-Jahre. Dort heißt dieses Gericht aber – wie allgemein bekannt ist – nicht „Kebab", sondern „Gyros".

Diese Tatsache ließ uns allerdings nicht an der türkischen Kebab-Urheberschaft zweifeln. Schließlich haben die Griechen alles umbenannt, was sie von den Türken in den fast vierhundert Jahren, in denen sie unter osmanischer Herrschaft standen, übernommen hatten.

Bis heute ist es von Saloniki bis Kreta angeraten, einen „Türkischen Kaffee" so zu bestellen:

„Éna ellinikó kafé, parakaló!"

Also „Einen *griechischen* Kaffee, bitte!"

Das werden alle Griechenlandurlauber bestätigen.

Was nun aber die türkische Urheberschaft des Gyros betrifft, so lagen wir falsch. Denn Kebab ist ursprünglich ein Gericht aus Lammfleisch. Heutzutage wird er häufig auch aus Kalb-, Rind-, oder Hühnerfleisch gemacht – natürlich niemals aus Schweinefleisch. Aus diesem wird aber Gyros zubereitet. In seiner Originalform meist aus Schopfbraten oder „Schweinenacken", wie unsere Lieblingsnachbarn „dieses Teil" in ihrer poesiegeladenen Art zu nennen pflegen. Schopfbraten, in hauchdünne Scheiben geschnitten und rasch sehr heiß gebraten oder gegrillt, das ist Gyros.

Ergo ist Gyros eine urgriechische Erfindung – vielleicht ein wenig inspiriert vom Kebab.

Denn das Kebab-Fleisch wird auch in hauchdünne Scheiben geschnitten, gelegentlich aber auch faschiert, dann in Form gebracht und am Schluss natürlich ebenfalls heiß gebraten oder gegrillt. Solcherart zubereitete Gerichte gibt es aber traditionell nicht nur in der Türkei, sondern auch im Iran und im arabischen Raum – dort heißen sie dann „Kabab".

Ganz so sicher sind wir uns also nicht mehr, was die türkische Urheberschaft betrifft.

Ach was! Ob Tunesien, Persien oder Turkestan – das ist doch egal, powidl oder Jacke wie Hose! Das oder Ähnliches sagen jene, die seit Jahren schon das Abendland bedroht sehen durch Einflüsse aus aller Welt und vor allem durch solche aus dem Morgenland.

Dazu ein kleines, aber recht illustratives Beispiel:

Vor nicht allzu langer Zeit klebten in ganz Niederösterreich Plakate folgenden Inhalts:

DER NIKOLAUS DARF NICHT STERBEN! UNSER Brauchtum und UNSERE Tradition in Kindergärten und Schulen erhalten. Unser Schnitzerl bitte auch!
Die Freiheitlichen. Wir leben Heimat.

Heimattreu wie sie sind, sitzen Erwin und Fritz in einem Wiener Traditionslokal und essen original Wiener Schnitzel, also vom Kalb, und dazu Erdäpfelsalat mit roten Zwiebeln und brauchtumskorrekter Schnittlauchbestreuung. Dabei unterhalten sich beide über das eben beschriebene Plakat.

„Der Nikolaus", meint Erwin, „war bei uns nie in der Schule. Weder in der Volksschule noch im Gymnasium. Bei euch?"

„Nein!", erwidert Fritz. „Bei uns war er nicht einmal im Kindergarten! Und dabei stamme ich aus dem katholischen Niederösterreich und nicht wie du aus dem gottlosen roten Wien."

„Und Schnitzerln? Habt ihr Schnitzerln in der Schule gekriegt?"

„Nein. In der Volksschule haben wir gar nix zu essen bekommen und im Gymnasium konnten wir uns dann Wurst- oder Liptauer-Semmeln kaufen."

„Furchtbar!", meint Erwin nach einem großen Seufzer. „Dann wird ja unser Brauchtum und unsere Tradition schon seit sechzig Jahren nicht mehr in den Kindergärten und Schulen gepflegt – und damit auch nicht erhalten!"

„Ja!", erwidert Fritz, ebenfalls nach einem großen Seufzer. „Vielleicht ist der Nikolaus eh schon gestorben."

„Mit Sicherheit!", sagt Erwin. „Gemäß seiner Heiligenlegende lebte er vor rund 1700 Jahren in Myra. Das liegt in der Nähe von Antalya. Also in der heutigen Türkei."

„Um Gottes willen!" Fritz ist jetzt ganz aufgewühlt. „Der Nikolaus ein Byzantiner? Also mehr oder weniger eine Art Ur-Türke?! Und UNSER original Kalbswiener möglicherweise auch ein Nachkomme des Byzantiner-Schnitzels mit der Goldpanier??!! Hat uns am End das Morgenland schon seit jeher unterwandert?"

„Das steht zu befürchten", meint Erwin mit ernster Miene, doch dann wird sein Antlitz von einem überlegenen Lächeln überstrahlt und er fügt hinzu: „Aber nun schlagen wir Abendländer zurück: mit dem Teutschen Töner!"

Wie bitte? Was soll das denn? Der Döner ist doch türkisch! Durch und durch!

Gemach, gemach.

Fakt Nummer Eins: Laut Statistik gibt es in Berlin deutlich mehr Döner-Imbissstände als in Istanbul – und zwar mehr als 1000.

Fakt Nummer Zwei: In Deutschland wurde in den 1970er-Jahren eine spezielle Variante des Döner Kebab entwickelt.

Zum Verständnis von Fakt Nummer Zwei erscheint es uns geraten, uns kurz ein wenig mit „Kebabkunde" auseinanderzusetzen. Kebab ist nämlich nicht gleich Kebab; es gibt da durchaus verschiedene Abarten – hier einige Beispiele:

- *Schisch-Kebab* ist ein Spieß mit marinierten, gegrillten Lammfleischwürfeln, Tomaten und Paprika;
- *Adana-Kebab* ist ein Spieß mit faschiertem Lammfleisch, das sehr scharf gewürzt ist;
- *Döner-Kebab* ist ursprünglich ein Lammfleischgericht, wobei marinierte Fleischscheiben auf einen senkrechten Drehspieß gesteckt und seitlich gegrillt werden; die gegarte äußere Schicht wird mit einem scharfen Messer dünn abgeschnitten und mit verschiedenen Beilagen serviert;
- *Iskender Kebab* ist eine Variante des Döner; das Fleisch wird mit zerlassener Butter und Joghurt sowie gegrillten Paprikaschoten, Tomaten und Fladenbrot serviert.

Die deutsche und natürlich auch die österreichische Döner-Kebab-Variante sind zwar dem Iskender-Kebab durchaus nah verwandt, aber ein typisches „Street-" oder „Fastfood". Denn Fleisch und Beilagen werden in ein geröstetes Fladenbrot hineingelegt. Das Fleisch ist im Regelfall vom Kalb oder Rind, seltener vom Huhn oder Truthahn, so gut wie nie vom Lamm. Die Beilagen, die das Fleisch im Brot umgeben, sind üblicherweise Kraut, Zwiebeln, Tomaten, Salat, Joghurtsauce und eine scharfe Gewürzmischung, für jene, deren Zungenpapillen das vertragen.

Einer modernen Stadtlegende zufolge ist der Schöpfer dieses größten Krachers der Schnellimbissküche seit der österreichischen heißen Pferdeleberkäse-Semmel Herr Kadir Nurman. Der 2013 im Alter von achtzig Jahren verstorbene türkische

Gastronom war schon 1960 als Gastarbeiter nach Deutschland gekommen. 1972 soll er am Bahnhof Zoo in Westberlin den ersten „deutschen Döner" verkauft haben. Im Fladenbrot lag damals allerdings gegrilltes Hackfleisch von Kalb und Lamm sowie Salat und Zwiebeln. Klingt ein bisschen wie „Hamburger Turkish Style". Und das war's wohl auch. Herr Nurman soll wiederholt darauf verwiesen haben, dass seine Döner-Kreation eine Reaktion auf das wachsende Verlangen der Deutschen nach Fastfood war. Die erste McDonald's-Filiale in Deutschland hatte ein Jahr zuvor in München eröffnet.

Nun hat ja jede Legende bekanntlich auch eine Gegenlegende – vor allem im Bereich der Erfindungen. So gilt etwa in Deutschland nach wie vor Carl Benz als Erfinder des modernen Automobils, obwohl wir Österreicher wissen, dass dies natürlich Siegfried Marcus war. Dieser wurde zwar auch in Deutschland geboren, übersiedelte aber nach Wien, wo er sowohl den Marcuswagen 1 als auch den Marcuswagen 2 konstruierte. Leider ging keiner von beiden in Serie – der von Carl Benz allerdings schon.

Da können wir machen, was wir wollen: Wir Österreicher erfinden immer alles, aber Ruhm und Kohle kassieren dann die anderen. Das war schon bei der Nähmaschine so und erst recht bei der Schreibmaschine.

Aber zurück zum deutschen Döner: Mehmet Aygün soll bereits 1971 und im doch recht jugendlichen Alter von sechzehn Jahren in Berlin-Kreuzberg einen Iskender-Kebab in ein Fladenbrot gepackt und einer gleichermaßen erstaunten wie begeisterten Kundschaft verkauft haben. Sofern dies stimmt, ist natürlich er gleich aus zwei Gründen der wahre Kreator: Zum einen ist sein Iskender-in-der-Flade dem heutigen Produkt deutlich ähnlicher als die Schöpfung Kadir Nurmans, zum anderen ist er natürlich auch früher dran gewesen.

Trotzdem – wir wollen und können in diesem Fall keine endgültige Einschätzung vorlegen. Wir haben allerdings eine Vermutung. In den 1960er-Jahren gab es nicht nur in Deutschland bereits türkische Gastarbeiter, sondern auch in Österreich; beispielsweise in Vorarlberg in der Textilindustrie.

Es ist also absolut nicht auszuschließen, dass ein junger Türke, wir wollen ihn Kemal Ügül nennen, an einem lauen Frühlingstag im Jahre 1969 an seinem kleinen Imbisstand am Bahnhof von Bludenz einen Döner Kebab im Fladenbrot feilbot. Und zwar einen Döner Kebab, der neben dem Rindfleisch auch noch Kraut, Zwiebeln, Tomaten, Salat, Joghurtsauce und eine scharfe Gewürzmischung enthielt.

Einen Döner „mit alles und viel scharf!"

Leider zeichnete sich Kemal durch hervorragendes Integrationsverhalten aus. Er war zum hundertprozentigen Österreicher geworden. Er hat den sogenannten „deutschen Döner" erfunden – aber Ruhm und Kohle machen die türkischen Piefke!

Dies wäre eigentlich ein schönes Schlusswort für dieses Kapitel.

Allerdings steht noch immer unbeantwortet die einleitende Frage im Raum: „Droht die Dönerisierung des Abendlandes?".

Nun, Erwin hat das ja launig verneint bei unserem Wiener Schnitzelessen. Indem er darauf verwiesen hat, dass es umgekehrt laufen und der „Teutsche Töner" das Morgenland erobern werde. Was als Witz gemeint war, das könnte bald durchaus ernst werden.

Denn auf einer türkischen Fremdenverkehrsseite im Internet lasen wir Folgendes zu Istanbul:

„Döner Kebab (...) gibt es auch hier an jeder Ecke. Statt eines üppig mit Fleisch, Salat und Soße gefüllten Fladenbrotes bekommt man stattdessen jedoch etwas auf die Hand, das wie ein halbes Baguette aussieht und mit ein paar Stückchen Fleisch, Tomate und Gurke belegt ist. (...) Die heiß geliebte Soße ist hier übrigens völlig unbekannt und wäre vielleicht mal eine interessante Idee für einen Re-Import …"

Na bitte: Die Türken werden hier ganz eindeutig animiert, die legendäre *deutsche* Döner-Sauce zu importieren.

Das ist natürlich lächerlich.

Die Deutschen sind Exportweltmeister, bitte! Die exportieren doch nicht eine mickrige Tunke, sondern wenn schon, denn schon! Also gleich das ganze Produkt!! Und natürlich nicht nur in die Türkei, sondern – wenn schon, denn schon – gleich in den ganzen islamischen Raum vom Maghreb bis zum Hindukusch!!!

So wird es sein. Aber um dem Morgenland bei uns doch noch eine kleine Chance zu geben, veröffentlichen wir jetzt und hier ein Rezept aus Marokko, das uns Jamie Oliver nähergebracht hat. Wir haben es natürlich ein wenig verfeinert. Das Grundprinzip gibt es seit ewig und drei Tagen in Nordafrika – Fleisch in einem gerösteten Fladenbrot.

Hatten wir das vorhin nicht schon einmal?

Ja. Aber diesmal ist es ganz anders.

Kefta im Pitabrot

Zutaten:
4 kleine Pita- oder Lepinja-Brote
Harissa (scharfe Gewürzpaste)
griechisches Joghurt
Paradeisersalat (nach Rezept aus diesem Buch)

Für die Kefta: 500 g Faschiertes vom Lamm, Rind oder gemischt
1 halbe rote Zwiebel, sehr fein gehackt
1 TL Kreuzkümmel, gemahlen
1 TL Paprikapulver, scharf
1 TL Kurkuma
1 EL Koriandergrün oder Petersilie, feingehackt
Salz und Pfeffer
Erdnussöl

Alle Kefta-Zutaten vermischen, mit Salz und Pfeffer würzen, aus der Masse zwanzig Bällchen formen und diese für eine halbe Stunde in den Kühlschrank stellen. Dann die Kefta unter mehrmaligem Wenden bei mittlerer Hitze und am besten auf zwei Pfannen aufgeteilt in Öl knusprig braten – dauert circa zehn Minuten.

Brote im Backrohr oder in einer Pfanne beidseitig kurz erwärmen, dann in der Mitte aufschneiden und sie innen mit Joghurt und Harissa bestreichen. Je fünf Bällchen und etwas Tomatensalat in die Brote füllen und servieren.

Ein Fleischlaberl aus God's Own Country

Sacred cows make the tastiest hamburgers.
Aus heiligen Kühen werden Hamburger, die am besten schmecken.

Abbie HOFFMAN
US-amerikanischer Journalist und Mitbegründer der
„Yippie"-Bewegung
1936–1989

Das Jahr 1977 liegt weiß Gott schon sehr lange zurück. Es blieb Erwin und Fritz aber bis heute in lebhafter Erinnerung. Nach vielen erfolgreichen Auftritten mit dem Studentenkabarett „KEIF" bekam Erwin sein erstes Profi-Engagement im „Kabarett SIMPL" für die Saison 1977/78. Fritz wiederum durfte sich für denselben Zeitraum über ein gut dotiertes Stipendium der Konrad-Adenauer-Stiftung für ein zweisemestriges Studium an der Ludwig-Maximilians-Universität in München freuen.

In beiden Fällen versprach sich also ab Herbst die finanzielle Situation deutlich zu verbessern. Die harten Würstelstandjahre waren vorbei. Jeder der beiden jungen Herren konnte sich nun ein Menü in einem richtigen Restaurant leisten – es musste ja nicht gerade das „Coq d'Or" im ersten Wiener Gemeindebezirk sein. Denn man konnte in dieser vornehmen Gegend seit Kurzem auch ein neues, preislich deutlich günstigeres Restaurant besuchen. Am 27. Juli 1977 hatte das erste McDonald's-Restaurant im Palais Wertheim am Schwarzenbergplatz eröffnet. Umgeben vom Prunk der Gründerzeit und im Schatten des Denkmals der Roten Armee aus der Trümmerzeit verzehrte man die allerersten original US-amerikanischen Hamburger. Und hätten sich Erwin und Fritz damals schon gekannt, hätten wohl beide nach diesem Genuss bei einem ersten gourmetkritischen Austausch wie aus einem Munde gesagt:

„Dieser Hämbörger hält keinem Vergleich stand mit den Fleischlaberln von der Mama!"

Wir geben es zu – wir haben damals die Zeichen der Zeit definitiv *nicht* erkannt. Denn wir hätten bis zu hundert Schilling darauf gesetzt, dass diese Selbstbedienungsbude sich allerhöchstens ein Jahr lang in Wien halten würde. In der Stadt des Butterschnitzels und des Stephaniebratens konnten diese Witzprodukte, die in einem Meer von Ketchup schwammen, ganz sicher nicht reüssieren. Darauf hätten wir gewettet. Aber damals gab es noch das staatliche Glücksspielmonopol und man konnte nicht, so wie heute, auf jeden Schmarren setzen. Das war auch gut so. Denn wir hätten natürlich verloren, wie uns die Geschichte eindrucksvoll gelehrt hat.

Mittlerweile hat McDonald's in Österreich 195 Filialen. Dort werden pro Jahr 158 Millionen Gäste bedient und 586 Millionen Euro umgesetzt (Zahlen aus 2016).

Dabei sah es anfänglich überhaupt nicht gut aus für die Burger-Boys. Sie bekamen Probleme mit den österreichischen Behörden.

Fett-Burger und Fett-Burner

Das Hamburger-Fleischlaibchen verstieß gegen die Vorgaben des „Codex Alimentarius Austriacus". Nach diesem durfte damals faschiertes Rindfleisch nicht mehr als zehn Prozent Fettanteil haben. Der McDonald's-Burger lag da mit siebzehn Prozent deutlich drüber. Bei der Gesamtmasse des Rinderfaschierten für 100 Hamburgerlaibchen der kleinsten Kategorie (105 g) betrug der Unterschied zum vorgeschriebenen maximalen Fettanteil deutlich mehr als ein dreiviertel Kilo.

Das ist schon ordentlich mehr als nur ein klitzekleines Fettauge. Aber der „Codex Alimentarius Austriacus" war und ist kein Lebensmittelgesetz, sondern so etwas wie eine auf Fachgutachterbasis erstellte Orientierungslinie für gutwillige Produzenten.

Ronald McDonald's Boys sind gutwillig. So einigte man sich bilateral und – typisch österreichisch.

Anfänglich ging man es sehr sehr streng an. Die Burger-Bräter brauchten ihre Laibchen zwar nicht an die Vorgaben des strengen Codex anzupassen, aber: Der Konsument musste auf den erhöhten Fettanteil, den die Ami-Burger in sich trugen, *hingewiesen* werden. Irgendwann verzichtete man dann auch auf diese beinharte Maßnahme. Wieder einmal siegte die marktfördernde Menschlichkeit über bürokratische Zwänge. Und das aus gutem Grund.

Um uns diesbezüglich Klarheit zu verschaffen, haben wir uns aus dem Internet die *neueste* verfügbare Version des „Codex Alimentarius Austriacus" heruntergeladen. Der streng klingende „Codex" firmiert schon seit längerer Zeit unter dem Namen „Österreichisches Lebensmittelbuch".

Das klingt charmanter, konziliater und ist es auch.

Denn – siehe da: In unserem Fall musste sich endlich einmal die gelebte gastronomische Praxis *nicht* einer weltfremden Vorschrift beugen. Ganz im Gegenteil: Der ehemalige Codex kroch als Lebensmittelbuch irgendjemandem in den Podex. Seither liegen King-Mac und Burger-Donald beim Fettgehalt ihrer Produkte voll und ganz im Empfehlungsbereich.

Denn der frühere Grenzwert von zehn Prozent Fettanteil wurde längst schon auf zwanzig Prozent nach *oben* korrigiert.

Im selben Zeitraum wurde nach unserem Empfinden der Grenzwert für Cholesterin im Blut drastisch nach *unten* korrigiert. Wir sind uns da nicht sicher. Aber die als seriös geltende „Süddeutsche Zeitung" ist da einer Meinung mit uns, wenn sie feststellt, man könne „den Eindruck gewinnen, dass der empfohlene Grenzwert für Cholesterin mit jedem Jahrzehnt automatisch weiter abgesenkt wurde. Von 260 über 240 und 220 bis auf 200 Milligramm pro Deziliter verringerten die Fachgremien den Zielwert im Blut, der angeblich Herz und Gefäße schone". (SZ, 2013)

„Aber diese zwei Maßnahmen wären doch völlig absurd!", rufen uns die inneren Stimmen der Vernunft zu. „Da hätten ja nur zwei Industriezweige etwas davon. Die Blutfettsenker erzeugende, multinational agierende Pharmaindustrie und die Blutfette hebende, nicht minder multinationale Fast-Food-Industrie!"

Richtig! Das kann aber nicht sein. Nur gewissenlose Marktwirtschaftsfeinde oder grenzdebile Verschwörungstheoretiker würden verantwortungsbewussten Experten im Bereich von Konsumentenschutz und Gesundheitsvorsorge solche Vorgangsweisen unterstellen. Wir sind weder das eine noch das andere. Und so hören wir auf die Stimmen der Vernunft und essen jeder zwei Big Mac Whopper. Mit dem herrlichen Café Latte werden dann noch jeweils zwei Tabletten hinuntergespült. Eine gegen das Blutfett und eine für's Herz.

So hält man sich auch in gereiften Jahren in der Waage.

Okay! Wir geben es offen zu. Wir haben uns irgendwann in den letzten vierzig Jahren von Saulussen zu Paulussen gewandelt. Man kann sich gesamtgesellschaftlichen Trends nicht völlig entziehen, will man nicht als Sonderling oder Spaßverderber gelten. Einmal im Monat muss es sein. Einmal im Monat ist Hamburger-Tag.

Burger, Bun und Patty

Wobei der Begriff „Hamburger" ganz unterschiedlich konnotiert ist, um das wie üblich volksnah zu formulieren. In den USA bezeichnet man als „Hamburger" *nur* das Fleischlaibchen ohne das runde Sesamweckerl. Das Laibchen im Sesamweckerl nennt man „Hamburger Sandwich". In Europa meint man im Regelfall mit „Hamburger" eben dieses Sandwich – also Weckerl, Fleischlaberl, Gurkerl, Ketchup und was halt sonst noch alles mit drinnen ist.

Weltweit wurden Hamburger und Hamburger Sandwich im ausgehenden 20. Jahrhundert zu „Burger" verknappt. Dieser Burger, sofern der Begriff das Hamburger Sandwich meint, gliedert sich in zwei Teile: Das Laibchen heißt „Patty" und das Weckerl heißt „Bun".

Wie gesagt: Jeder von uns beiden hält einmal im Monat seinen Hamburger-Tag ein, koste es, was es wolle. Da fahren Erwin und Fritz dann zum nächsten Drive-In – der eine in die Grinzinger-Allee, der andere in die Überlandstraße in Langenrohr. Der eine erwirbt einen „Royal TS", der andere einen bladen „Steakhouse Burger".

Und während jeder beim Essen sich darüber ärgert, dass schon wieder ein Teil der Sauce dieser Laibchen auf das edle Tuch seiner Levis-Jeans getropft ist, träumen beide von der ebenso noblen wie wohlschmeckenden Alt-Wiener Alternative zu diesem ur-amerikanischen Fastfood:

Wiener Kalbsbutterschnitzel

Zutaten:
½ Kilo faschiertes Kalbfleisch (Schulter oder Kalbsvögerl = Fleisch von der Kalbskeule)
1 Semmel
1 Ei
¹⁄₁₆ l Obers
1 Ei
Kalbsfond oder Rindsuppe
Butterschmalz
Butter, eiskalt
Muskatnuss
Petersilie, fein gehackt
Salz und Pfeffer

Semmel in Weißbrot einweichen, ausdrücken, im Blitzschneider fein hacken; mit dem Kalbsfaschierten, dem Obers, dem verquirlten Ei, Salz, Pfeffer, geriebener Muskatnuss und Petersilie abmischen; aus dem Fleischteig vier ovale Laibchen formen und diesen mit dem Messerrücken auf einer Seite ein Karomuster eindrücken.
In einer beschichteten Pfanne Butterschmalz erhitzen, bei moderater Hitze langsam auf beiden Seiten goldbraun braten (Karomusterseite zuerst); nach acht bis zehn Minuten die vier Schnitzel herausheben und warm stellen. Den Bratenrückstand mit Fond oder Suppe aufnehmen, reduzierend kochen, kalte Butterstücke einrühren; Schnitzel einlegen und bei Restwärme zugedeckt 1 bis 2 Minuten nachdünsten lassen.
Mit Erdäpfelpüree servieren.

Am End geht's immer um die Wurscht!

Wurst ist eine Götterspeise.
Denn nur Gott weiß, was drin ist.

JEAN PAUL
Deutscher Dichter
1763–1825

Ehrfürchtig stehen Erwin und Fritz an einem Ort echter kulinarischer Tradition. Dieser Gourmettempel liegt mitten im Zentrum jener Stadt, die 2019 zum zehnten Mal hintereinander von der New Yorker „Mercer-Studie" auf Platz eins jener Städte gewählt wurde, denen man weltweit die höchste Lebensqualität attestiert.

Ein wenig grotesk mutet es da schon an, dass in Propagandafilmchen der ungarischen Regierungspartei FIDESZ Wien gerne als ein von Islamisten „übervölkertes" Drecknest dargestellt wird. Das angeblich blitzsaubere Budapest parkt sich indes in der zitierten Studie auf Platz 76 ein – knapp hinter Pointe-à-Pitre, der Hauptstadt Guadeloupes (Platz 72). Das in früheren Wahlkämpfen heimischer Rechtspopulisten als Negativbeispiel dargestellte Chicago liegt gar 37 Plätze *vor* der Hauptstadt von „Orbánistan" auf Rang 39. Ergo müsste man dortselbst, also in Ungarn, den alten FPÖ-Slogan „Wien darf nicht Chicago werden" bei der nächsten Wahl ein wenig verändern.

Vorschlag: „Budapest *muss endlich* Chicago werden!"

Allerdings wird FIDESZ keine alten blauen Slogans recyceln. Denn FIDESZ ist ja bekanntlich keine Schwesterpartei von AfD, FPÖ oder der LEGA NORD.

Nein. FIDESZ ist im europäischen Umfeld immer noch Mitglied jener wertkonservativen Allianz, der die türkis überkleistere, ebenholzfarbige ÖVP ebenso angehört wie die in vielen Europafragen durchaus liberale Merkel-CDU.

Trotz dieser grundsätzlich seriösen Parteienverwandtschaft

können wir den Wien-Einschätzungsschwachsinn der rechtspopulistischen Magyaren naturgemäß nicht ernst nehmen. Er spiegelt schlicht nur den Unterschied zwischen *urbaner* und *orbáner* Intellektualität wider.

Eines sollte einem aber selbst am Würstelstand nicht völlig wurst sein. Nämlich die Tatsache, dass auf Ibiza gelegentlich ihren Urlaub verbringende Möchtegern-Kronen-Zeitungsverkäufer immer wieder verkünden, dass Wien „Veränderung" brauche. Eine solche Veränderung würde diese Red-Bull-Wodka-Fraktion in Wien auch tatsächlich zustande bringen: und zwar in Richtung Budapester Lebensqualität. Statt auf Platz eins stünde unsere Hauptstadt dann wohl spätestens 2025 ex aequo auf Platz 76 der Mercer-Studie.

Und darauf können wir zwei sehr gerne verzichten.

Aber zurück zu unserem Standort, an dem wir uns gerade befinden. Zwischen der weltberühmten „Wiener Staatsoper" und dem nicht minder bedeutenden „Kunstmuseum Wiener Albertina" steht dieser Würstelstand. Ein elegantes Schild weist als Eigentümer eine mit Wiener Gastronomietradition eng verwobene Familie aus: „Bitzinger".

Während der eine von uns beiden eine Burenwurst mit scharfem Senf plus zwei scharfen Pfefferoni im Verein mit einem Schwarzbrot-Scherzl und einer Dose Bier bestellt und der andere zu seiner Dose Bier eine Käsekrainer mit Kremser-Senf und Semmel, geraten wir ins Schwärmen.

Denn wir beide verkehrten in jungen Jahren noch im legendären „Weinhaus Bitzinger", das sich vis-à-vis des alten Franz-Josefs-Bahnhofs majestätisch erhob.

Ähnlich wie man das aus manchen Regionen Frankreichs kennt, hatte das „Weinhaus Bitzinger" zwei Abteilungen: ein Restaurant und eine Schwemme. Während die betuchten Gäste im Ersteren von näselnden Obern und rotbackigen Pikkolos umschwirrt wurden, musste das Schwemme-Publikum auf solch erlesenen Bedienungskomfort verzichten. Man hatte aber hier den Vorteil, deutlich weniger für Speis und Trank bezahlen zu müssen.

Als „Pikkolos" – und dieser Nachtrag scheint aufgrund des

doch recht verwirrten Blickes, den uns beiden älteren Herren unsere charmante, selbstredend deutlich jüngere Lektorin zuwirft – als „Pikkolos" bezeichnete man seinerzeit in Wien nicht wie heute kleine Sektflaschen, sondern die Lehrbuben in der Gastronomie.

„Der Bitzinger war bei uns Lichtentalern eine Legende!", meint Erwin. Fritz fügt mit belegter Stimme hinzu: „Bei uns Tullnerfeldern sowieso!" Denn es halte sich hartnäckig das Gerücht, dass seinerzeit viele Tullnerfelder Maturanten niemals zu einem Studienabschluss gelangten. Grund dafür soll gewesen sein, dass sie nach Erreichen der Wiener Endstation der Franz-Josefs-Bahn nicht sogleich hurtig in den D-Wagen sprangen, um eiligst zur Alma Mater Rudolphina zu gelangen, sondern stattdessen noch beim Bitzinger vorbeischauten. Der geplante Frühschoppen-Kurzbesuch habe sich in Einzelfällen bis in die Abendstunden ausgedehnt. So kündete es jedenfalls der lokale Rumor zwischen St. Andrä-Wördern und Zwentendorf. Auf diese Art blieb, wie das gottlose Satiriker gerne formulieren, dem Vaterlande in den 1970er- und 1980er-Jahren eine Juristen-, Ärzte- und Priesterschwemme erspart.

Gleichzeitig brauchte sich das heimische Versicherungswesen nie über Keilermangel beklagen. Dass diese Lebensversicherungs-Tandler nach kurzer Einschulung zügig in die Politik gingen, davon konnte damals allerdings noch keine Rede sein.

Erst der heutigen Zeit blieb es vorbehalten, wertkonservativen Österreichern die Karrierekombination aus Studienabbruch und mehrwöchigem Ausüben eines Versicherungsjobs als unabdingbare Voraussetzung für staatsmännisches Wirken in unserer demokratischen Republik erscheinen zu lassen.

Bei Erwin löst der Gedanke an das „Weinhaus Bitzinger" frühkindliche Erinnerungen aus. Häufig ist er hier mit seinen Großeltern gewesen. Und ihm ist etwas in Erinnerung geblieben, das Fritz schon längst entfallen war: In der Schwemme des Weinhauses konnte man nicht nur, wie schon erwähnt, wohlfeil speisen. Es war auch gestattet, die eigene Jause ins Etablissement mitzubringen. Naturgemäß waren die p.t. Gäste aber gebeten, das für den Trinkgenuss Notwendige vor Ort käuflich zu erwerben. Im Falle der Großeltern waren dies in den meisten Fällen weiße Gespritzte, je zur Hälfte hergestellt aus Sodawasser und gerebeltem Weißwein, wie das der auch im Wienerlied häufig besungenen Tradition der Lichtentaler entspricht.

Der kleine Erwin hingegen pflegte ein „Himbeerwasser ohne Punkterl" zu sich zu nehmen; ein Bestellvorgang, der wegen des gelegentlich wechselnden Schankpersonals immer wieder einen gewissen Erklärungsaufwand erforderte. Als „Punkterl" sind hier nämlich die in die Nase steigenden CO_2-Kugerln im Sodawasser zu verstehen. Erwin nahm also seinen Himbeersaft nicht mit Sodawasser, sondern gemischt mit Wiener Hochquellwasser zu sich.

Zurück in die Gegenwart.

Wir zwei stehen ja nicht nur am Würstelstand, um Burenwurst und Käsekrainer zu verzehren. Wir zwei sind da, um zu arbeiten – und zwar für das vorliegende Buch. Es ist August, es ist Nachmittag und es haben sich etliche Kunden eingefunden, ohne dass es eine Riesendrängerei gäbe.

Opernfreaks aus unserem Umfeld wissen dagegen zu berichten, dass man an diesem Würstelstand am frühen Abend vor Beginn großer Musiktheaterevents großen Publikumsandrang erleben könne. Und unter den Würstelstandbesuchern seien immer wieder auch internationale Stars anzutreffen. Selbstverständlich nicht jene Koloratursopranistinnen und Heldentenöre, die dann gleich nachher auftreten. Denn ein frisch verzehrtes Burenhäutel erweitert kaum den Stimmumfang. Und es hebt auch nicht die Stimmung des Partners oder der Partnerin – vor allem nicht in intim zu gestaltenden Szenen. So könnte etwa ein unmittelbar nach dem Genuss einer Käsekrainer von Don Giovanni vorgebrachtes „Reich mir die Hand, mein Leben!" zu Spontanreaktionen von Donna Anna führen, die mit dem Originallibretto von Lorenzo da Ponte nicht das Geringste zu tun haben.

Stellen Sie sich bitte rein hypothetisch folgende Szene vor:

Michael Volle wird von Anna Netrebko beim Schlusston seiner Arie noch rasch eine Ladung Atemspray auf offener Bühne blitzartig in den Gesangsmund geblasen. Ein heftiger Shitstorm gegen das sogenannte „Regietheater" wäre die unvermeidliche Folge.

Darum wird von allen Weltrang-Regisseurinnen und deren männlichen Pendants schon *seit Jahrzehnten* den Vokalartisten jeder Würstelstandbesuch vor sämtlichen Opernaufführungen striktest untersagt.

Andere Promis aber gehen gerne vor dem Ohrenschmaus zum „Bitzinger". Ob die betuchten Hochkulturfreaks dabei ausschließlich Sacherwürstel mit einem Stifterl Moët Imperial-Champagner konsumieren, wissen wir nicht; beides ist nämlich am Albertina Würstelstand erhältlich. Frankfurter Würstel gibt es hier tatsächlich nur in dieser Luxusversion. Sacherwürstel sind etwas länger als die üblichen Frankfurter und sollen über ein feineres Wurstbrät verfügen – eine These, die von eingefleischten Sacherwürstel-Fans immer wieder betont wird. Wir können dies mit unseren spärlichen diesbezüglichen Erfahrungen weder bestreiten noch bestätigen.

Zur Beantwortung der immer wieder gestellten Frage, warum die „Frankfurter" in Wien so heißen, in Frankfurt aber „Wiener Würstchen" gibt es eine schöne Legende. Und diese hat, so meinen wir, im Gegensatz zu vielen anderen Küchenlegenden das Zeug dazu, einen wahren Hintergrund zu haben.

Aber urteilen Sie selbst.

Ab dem Jahre 1805 bot in der Wiener Vorstadt Neubau der damals 33-jährige Fleischhauer Johann Georg Lahner schlanke Würstchen an, die er „Frankfurter" nannte. Mit gutem Grund: Denn der aus Oberfranken stammende Meister hatte sein Handwerk in Frankfurt am Main gelernt. Und die Würstchen, die er nach seiner Übersiedlung in die Residenzstadt Wien dort anbot, erinnerten im äußeren Erscheinungsbild verblüffend an die Traditionswürste, die man in der Stadt seiner Ausbildung angeblich schon seit Jahrhunderten zubereitet hatte. Allerdings wurde von dem kreativen Fleischermeister die Rezeptur entscheidend verändert: Dem traditionell ausschließlich aus Schweinefleisch zubereiteten Wurstbrät fügte er Rindfleisch bei. Der Erfolg war beachtlich. Nicht nur die Wiener Bevölkerung liebte diesen neuen Wurst-Snack. Den nannte man freilich damals nicht „Snack", sondern Gabelfrühstück. Jedenfalls dann, wenn man die „Frankfurter" vormittags zu sich nahm. Man aß sie vorzugsweise mit Kren und trank dazu Bier.

Nicht nur in den habsburgischen Erblanden fand dieser Imbiss bald Anklang. Auch in Deutschland schätzte man die „Würstchen aus Wien". Da sie etwas anders waren und anders schmeckten als die in Frankfurt hergestellten, nannte man sie logischerweise auch in ihrer eigentlichen Ursprungsstadt „Wiener Würstchen".

So. Der erste Teil unserer würstelkundlichen Erörterung ist damit abgeschlossen. Aber keine Sorge, liebe Bosna- und Currywurst-Freaks: Auch eure Favoriten kommen noch dran!

Vorerst aber wenden wir uns den beiden Leckerbissen zu, die wir soeben hier, im Schatten der Staatsoper, verzehren. Erwin hat mit der Wahl der Burenwurst ein deutlich stärkeres Zeichen des Bekenntnisses zur Wiener Wursttradition gesetzt als Fritz.

Die Burenwurst gehört vermutlich bereits seit dem ausgehenden 19. Jahrhundert zum Standardangebot der Wiener Würstelstände. Lizenzen für diese Imbissstände wurden übrigens in der Donaumonarchie vorzugsweise an Kriegsinvalide vergeben; man pflegte hier offensichtlich eine ähnliche Praxis wie bei der Vergabe der Tabaktrafiken. Diese Würstelstände waren allerdings jahrzehntelang keine fixen Bauten, sondern abbaubare oder fahrbare Buden, die über Nacht auch meist abtransportiert werden mussten. Erst in den 1960er-Jahren gestattete die Gemeinde Wien die Errichtung von Imbissbuden auf Dauerstandplätzen.

Die Burenwurst tritt uns auf Wiener Würstelständen in zwei Erscheinungsformen gegenüber: als Einzelwurst oder als Meterware, von der dann die geforderte Portionsgröße abgeschnitten wird. Erwin bevorzugt Variante zwei. Er bestellt ein nicht aufgeschnittenes, etwa 22 Zentimeter langes Stück von der „Klobasse". Dies ist einer von mehreren Alternativnamen, mit denen die Burenwurst heiter oder auch sachkundig bezeichnet wird.

Schenkt man Wikipedia Glauben, so bezog sich „Klobasse" früher *ausschließlich* auf die Meterware.

Nach unserer Erfahrung werden die beiden Begriffe allerdings heute synonymisch und damit also auch für die Einzelwurst verwendet. Die These, „Klobasse" leite sich vom tschechischen Wort „Klobása" ab, scheint uns durchaus nachvollziehbar. Wenngleich der Begriff „Klobása" eine Bratwurst meint und die Burenwurst immer gesotten werden muss. So jedenfalls schreibt es die Wiener-Würstelmann-Tradition vor.

Die weiteren Synonyme sind „Haße" – also das Dialektwort für „Heiße" – sowie „Burenhaut" oder noch Urwienerischer: „Burenheidl".

Der letztgenannte Begriff sollte bei Unterhaltungen in besseren Kreisen nicht als Ausgangswort für einen Schüttelreim verwendet werden.

Woher der Wortteil „Buren" bei dieser Wurst kommt, darüber gibt es zwei unterschiedliche Vermutungen, die uns beide recht unwahrscheinlich vorkommen: Die eine sieht als Namensvorbild das norddeutsche Dialektwort „Buren", das so viel wie „Bauern" bedeutet. Die zweite Annahme geht davon aus, dass sich der Wurstname auf die meist niederländischstämmigen Buren bezieht, die sich in Namibia und Südafrika „ansiedelten", wie man damals den Landraub an den Afrikanern schönfärbend bezeichnete.

Warum man ausgerechnet in Wien eine Bauernwurst mit einem norddeutschen Begriff bezeichnet haben soll, ist uns ehrlich gesagt schleierhaft. Und dass man die traditionelle Klobasse plötzlich „Burenwurst" nannte, weil Wiens Deutschnationale im Zweiten Burenkrieg (1899–1902) eher auf der Seite der rassistischen Ex-Niederländer als auf jener der nicht minder rassistischen Briten standen, hat für uns auch wenig Überzeugendes an sich. Man benennt doch keine Würstel nach einer Kriegspartei, mit der man sympathisiert. Jedenfalls ist uns dazu kein vergleichbares historisches Beispiel bekannt.

Wir müssen aber gestehen, dass uns beiden auch keine andere vernünftige Erklärung für den seltsamen Wurstnamen untergekommen und schon gar nicht eingefallen ist.

Fritz hat mit seiner kulinarischen Kaufentscheidung ein relativ junges Würstlstand-Produkt gewählt. Die Käsekrainer hielt erst ab Mitte der 1970er-Jahre zögerlich Einzug in den Olymp der Wiener Imbisskultur. Heute ist sie vor allem bei Grill-Enthusiasten ein internationaler Hit.

Erfunden wurde die Käsekrainer Anfang der 1970er-Jahre in Buchkirchen im Bezirk Wels. 2014 berichteten die „Oberösterreichischen Nachrichten" ausführlich darüber.

Schöpfer dieses Meisterstücks neuzeitlicher Verwurstungskunst waren demnach – und bisher unwidersprochen – der Fleischermeister Herbert Schuh und sein damaliger Geselle Franz Thalhammer. Die Käsekrainer, die man laut den beiden Erfindern kalt, gekocht, gebraten und natürlich gegrillt essen kann, hieß ursprünglich gar nicht so. Das erste Exemplar ging unter dem Namen „Kasermandl" über den Ladentisch. Wann und von wem die Wurst den bis heute gültigen neuen Namen bekommen hat, konnten wir leider nicht eruieren. Möglicherweise wurde die Umbenennung von den beiden Schöpfern selbst vorgenommen.

Mit Urheberrechts- und Patentanwälten dürften die Käsekrainer-Erfinder allerdings kaum Kontakt gepflogen haben. Denn die Rezeptur wurde nicht geschützt und laut Herrn Thalhammer bereits kaum ein halbes Jahr nach dem ersten Marktauftritt mehrfach plagiiert. Das „Kasermandl"-Würstel hat seine Schöpfer also nicht „stinkreich" gemacht. In den 1980ern musste Fleischermeister Schuh sogar Konkurs anmelden. Doch er wechselte die Branche, stieg ins Cateringgeschäft ein, besaß bald darüber hinaus fünf Grillhendl-Stationen und es ging ihm wieder gut.

2012 bestand dann die akute Gefahr, die inzwischen zu einer Art „uraltem österreichischen Nationalheiligtum" aufgestiegene Käsekrainer wieder in „Kasermandl" zurückbenennen zu müssen. Entfesselte Slowenen hatten uns nämlich den „Federhandschuh" hingeworfen – wie dies ein wortgewandter Leserkommentar zu einem dieses Thema behandelnden Artikel der „Presse" im Internet zu formulieren wusste. Denn die „Windischen" drohten unverblümt an, die Herkunftsbezeichnung „Krain" EU-weit schützen zu lassen.

Dies versetzte alle ehrlichen, tüchtigen, anständigen und fleißigen österreichischen Wurstpatrioten zuerst einmal in Schockstarre. Schließlich war davon auszugehen, dass es dieser gewissenlose Vorstoß darauf anlegte, sowohl der urösterreichischen Krainer-Wurst wie auch der urösterreichischen Käsekrainer ihren seit Anbeginn der Zeiten zugewiesenen Namen wegzunehmen.

Doch schlussendlich ging alles sehr gut aus.

Dank des herausragenden Einsatzes der klügsten Köpfe heimischer Diplomatie gelang es, Slowenien dazu zu bringen, einer Sonderregelung zuzustimmen: „Kranjska Klobasa" wurde als geografisch geschützter Begriff eingetragen. Und die im Grunde gleichnamigen österreichischen Würschteln durften und dürfen ihre Bezeichnung weiter behalten.

Ein eindrucksvoller Sieg der Vernunft im Bereich der bilateralen Verwurstungsdiplomatie!

Während wir beim Essen sind, kommen weitere Gäste an den Würstelstand – zwei Burschen und ein Mädchen, die alle drei Fan-Shirts des LASK tragen. Aus der Albertina eilt ein halbes Dutzend junger Leute heran – es sind Kunststudentinnen und -studenten aus Südkorea. Dies bekommen wir durch geschicktes investigatives Fragen heraus, nachdem sie uns lachend beim Würstelessen mit dem Handy fotografiert und auch noch einige Selfies gemacht haben.

 Sie bestellen Hot Dogs mit Sacherwürsteln und solche mit Teufelsgrillern.

Eine besonders mutige junge Dame wagt sich sogar an eine Currywurst.

„Jessas Maria!", meint Fritz. Warum er das meint, das erfahren wir später.

Die drei LASK-Fans allerdings sind vorerst einmal bitter enttäuscht, weil es im Gegensatz zu Linzer Gepflogenheiten hier keine „Bratwürstel mit Kraut" gibt. Der dezente Hinweis des Herrn hinter der Theke auf die großartige Qualität der Bosna löst aber sofort helle Begeisterung aus. Die LASKianerin und einer der beiden LASKianer bestellen sofort:

„Bosna is super! Bitte ja, für mi ane!"

„Jo, für mi a bitte!"

Nur der dritte im Bunde fragt nach:

„Jo, a Bosna is eh ursuper. Aber habt's ihr vielleicht a Kafka a? Die war mir nämlich no lieber!"

Erwin und Fritz sehen einander verblüfft an. „Kafka"? Eine Gedenkwurst für den Dichterfürsten des Expressionismus?? Somit ist Immanuel Kant nicht mehr der einzige deutschsprachige Geistesriese, nach dem man eine Wurst benannt hat???

Erwin und Fritz gestehen einander, noch nie etwas von einer „Kafka" gehört zu haben. Der hier tätige Würstelmann aber ist ganz offensichtlich eine umfassend gebildete Fachkraft und meint:

„Die Kafka wird bei uns so gut wie nie verlangt. Aber ich kann Ihnen gerne eine machen."

„Des is aber vui nett", erwidert der LASK-Fan und strahlt.

„Was bitte ist eine Kafka?", fragen nun wie aus einem Munde Erwin und Fritz.

„Ganz einfach!", erwidert der Würstelmann mit jenem weltmännischen Lächeln, das Vertretern seiner Zunft früher mehr als ein Jahrhundert lang nie zu entlocken war. „Eine Kafka ist eine Bosna, bei der die Bratwurst durch eine Käsekrainer ersetzt wird."

Danke. Jetzt ist alles klar.

Beziehungsweise: Jetzt wäre alles klar. Wenn man wüsste, was eine „Bosna" ist.

Recherche ist angesagt. Und wir igeln uns nach dem Würstelstandbesuch hinter unseren Computern ein.

Die „Bosna" wurde bereits 1949 (!) von dem Exil-Bulgaren Zanko Todoroff entwickelt und ab 1950 in seinem „Balkan Grill" in einem Durchhaus der Salzburger Getreidegasse feilgeboten. Diesen Imbissstand gibt es bis heute – und hier wird selbstverständlich immer noch die weltweit einzig wahre, weil originale Bosna angeboten. Alles wird streng geheimgehalten: die Bestandteile der Bratwurst, welcher Bäcker das Weißbrot liefert und die Bestandteile der Sauce.

Auch um den Namen dieser Wurst ranken sich Legenden:

Ursprünglich soll die „Bosna" von Todoroff entweder „Nadanitza" oder „Nadinizer" geheißen haben. Wie auch immer – die Salzburger konnten sich jedenfalls weder den einen noch den anderen Namen merken.

So beschloss Meister Todoroff seine Schöpfung umzubenennen. Angeblich wollte er sie ursprünglich „Bosa" nennen. Doch der Schildermaler soll durch Irrtum oder PR-Klugheit daraus „Bosna" gemacht haben, was seinem Auftraggeber sehr gut gefiel.

2019 wurde für die ORF-Show „9 Plätze – 9 Schätze. So gut isst Österreich" die Bosna als beliebtestes Salzburger Gericht ausgewählt. Offenbar um den in diesem Namen deutlich werdenden Migrationshintergrund ein wenig zu verschleiern, wurde in den ORF-Texten die Bosna wiederholt als „Bosner" bezeichnet. In der finalen Publikumsentscheidung siegte allerdings trotzdem das Mostviertler Mostbratl vor der Tiroler Kaspressknödelsuppe und dem Vorarlberger Bodenseefelchen.

Was eigentlich wurst ist, wie man so sagt.

Bleibt noch aufzudecken, woraus die Bosna in ihren Hauptbestandteilen besteht: aus mindestens *einer* Bratwurst, die in ein längs mittig aufgeschnittenes, angeröstetes Weißbrot gelegt wird, das vorher dick mit einer pikanten bis sehr scharfen Sauce aus Senf und/oder Ketchup, Zwiebeln, Curry und geheimen Zutaten bestrichen wird. Darüber wird gehackte Petersilie gestreut. Dann wird das „Weckerl" zugeklappt und zur Hälfte in Papier gehüllt. Natürlich gibt es davon unzählige Variationen – beim „Bitzinger" zum Beispiel wird die Bratwurst mit Zwiebelsenf, Koriander und Currypulver gereicht.

Resümierend kann man sagen, die Bosna ist so etwas wie eine scharfe Balkanvariante des US-amerikanischen Hot Dogs. Schließlich ist sie ja auch seinerzeit in der US-Besatzungszone von einem Bulgaren erfunden worden.

Bleibt nun aber noch zu klären, warum Fritz bei der Currywurst-Bestellung der jungen Dame aus Korea kurz die Fassung verlor. Vor mehr als vierzig Jahren, als er in München zwei Auslandssemester in Sozial- und Wirtschaftsgeschichte an der dortigen Universität absolvierte, lernte er seine Lieblingswurst kennen: die Münchner Weißwurst. Diese kulinarische Zuneigung ist ihm bis heute erhalten geblieben.

Dies sei hier nur nebenbei erwähnt, da bis heute die Weißwurst im Würste-Kanon des Wiener Würstelstandes überhaupt keine Rolle spielt.

Die Currywurst hingegen schon. Deshalb muss sie hier auch besprochen werden. Und das fällt sowohl Erwin als auch Fritz schwer. Erwin deshalb, weil er als international versierter Wurstkenner viele Würste verkostet hat: von der spanischen Chorizo über die französischen Crépinettes, die Schweizer Cervelats, die zahllosen italienischen und ungarischen Salamisorten bis hin zu den legendären tschechischen Speckwürsten, den Spekacky.

Aber: Die Currywurst hat er niemals probiert.

Fritz leider schon.

Denn ausgerechnet im Rahmen des erwähnten Studienaufenthaltes in München, während dem er zum ersten Mal in seine spätere Lieblingswurst biss, lernte er auch die Currywurst kennen – und verabscheuen. Über all die Jahrzehnte ist ihm der jeden Wurstcharakter überbrüllende Geschmack nach Ketchup und Billig-Currypulver in Erinnerung geblieben. Nie wieder hat er seither eine Currywurst angerührt.

Als er vor wenigen Monaten seiner Tochter Lea und deren Freund Matthias von dieser Wurstbegegnung der unangenehmen Art zu erzählen wusste, erntete er Unverständnis.

„Man isst doch in München keine Currywurst!", meinte Matthias.

„Eine Currywurst isst man in Berlin!", ergänzte Lea. „Denn dort wurde sie erfunden."

Nun ja – man lernt nie aus.

Als Erfinderin gilt Herta Heuwer, die im Westberlin der Nachkriegszeit einen Imbiss-Kiosk führte. Bereits im September 1949 kredenzte sie dort ihre „Spezial Curry-Bratwurst" den Kunden. Diesen soll ob dieses fabelhaften Genusses vor Begeisterung „die Spucke weggeblieben" sein. Im Laufe der Jahre wurde dann aus der „Spezial Curry-Bratwurst" schlicht und einfach die „Currywurst".

Im Gegensatz zu ihren später wirkenden oberösterreichischen Wursterfinderkollegen Schuh und Thalhammer dürfte Frau Heuwer sehr wohl einen Patentanwalt aufgesucht haben. Denn 1959 ließ sie unter dem durchaus heutig klingenden Namen „Chillup" ihre Currywurst-Spezialsoße beim Deutschen Patentamt eintragen.

Die Schöpferin der Currywurst verstarb 1999 im Alter von 86 Jahren. Doch die Nachwelt hat sie nicht vergessen. In Berlin-Charlottenburg erinnert eine Gedenktafel des folgenden Inhalts an sie:

„Hier befand sich der Imbissstand, an dem am 4. September 1949 Herta Heuwer die bekannte Chillup-Sauce für die inzwischen weltweit bekannte Currywurst erfand. Ihre Idee ist Tradition und ewiger Genuss!"

Und die Staatliche Münze Berlin brachte anlässlich des 70. Jahrestages der Currywurst-Erfindung eine Gedenkmedaille heraus, die in geschmackssicherer Kombination die Schöpferin und ihr Produkt vereint:

Das silberfarbene, edle Sammlerstück zeigt im Hintergrund ein Reliefbild von Herta Heuwer in Kleiderschürze. Im Vordergrund aber springen zwei mit Tunke bekleckerte Würste dem Gourmet ins Auge, wobei in einer eine gelbe Plastikgabel streckt. Alles in allem: ein Meisterwerk deutscher Münzprägekunst!

Jetzt haben Erwin und Fritz fast so etwas wie ein schlechtes Gewissen. Und beide versprechen:

„Wenn wir das nächste Mal nach Berlin kommen, dann essen wir Currywurst! Aber nur eine mit der originalen Chillup-Sauce."

Nach diesem ebenso wackeren wie kosmopolitischen Bekenntnis kehren wir wieder nach Hause zurück. Denn das letzte Rezept in diesem Buch *darf* kein Currywurstrezept sein. Allein aus dem Grund, weil die Sauce dazu ja urheberrechtlich geschützt ist. Und wir wollen keine Tantiemen zahlen. Nein!! Das ist natürlich Unsinn. Wir zahlen gerne Tantiemen, denn die Wahrung von Autorenrechten ist uns naturgemäß heilig.

Warum dieses Buch nicht mit einem Currywurstrezept enden darf, liegt daran, dass es ein österreichisches Buch ist. Und den frechen Österreicherinnen und ihren männlichen Pendants ist bekanntlich alles blunzen. Außer der Blutwurst.

Blutwurst mit Sauerkraut und Erdäpfelschmarren

Zutaten:
4 oder 8 etwa 2 cm dicke Blutwurstscheiben (je nach Durchmesser der Wurst)
Schweineschmalz oder Butterschmalz
frisch gerissener Kren
Dijon-Senf

600 g Sauerkraut
1 Zwiebel, kleinwürfelig geschnitten
50 g Selchspeck, in Würfel geschnitten
400 ml Rindsuppe
1 Lorbeerblatt
5 Pfefferkörner
5 Wacholderbeeren

Sauerkraut: Speck in Schmalz anrösten, Zwiebel beifügen und glasig anschwitzen. Mit Suppe aufgießen, Sauerkraut und Gewürze dazugeben, bei milder Hitze circa 45 Minuten lang weich dünsten. Gewürze entfernen, mit Salz abschmecken.
Inzwischen Erdäpfelschmarren wie auf S. 134 beschrieben zubereiten.
Die Blutwurstscheiben in Schmalz bei milder bis mittlerer Hitze auf beiden Seiten knusprig braten, wobei sie ihre Form behalten sollen – denn eine gebratene Blutwurst ist kein Blunzngröschtl!
Mit Senf, Kren und den Beilagen servieren.

Gansheitliches

Der erste Gänserich im Zug,
der schnattert: „Gänse, seid doch klug!
Bleibt hinter mir, ich führe,
weil ich als unumschränkter Herr
stets meine Freiheit spüre.
Ich wähl den Weg nach freiem Sinn,
weil ich der erste Schrittmann bin.
Ich geh voran, ihr folgt mir nach
Denn dies erspart euch Ungemach!"
Seinen Lauf das Schicksal nahm,
als der Sankt Martinstag dann kam.
Gerupft, mit abgehacktem Kopf
lag jede Gans in einem Topf.
Und die Moral aus dem Geschehen?
Die ist wohl nicht zu übersehen:
Folgt man kopflos Führern nach,
erspart man sich nie Ungemach.

Formal und inhaltlich hat uns die kluge und mutige Dichterin Marie von Ebner-Eschenbach (1848–1916) bei diesem Gedicht angeleitet.

STATT EINES NACHWORTS – BRIEFE UNSERER LESERINNEN UND LESER

Kein Schnitzel? Kein Schweinsbraten? Kein Kaiserschmarren?
Dafür aber marokkanische Fleischbällchen! Und amerikanische Hämbörger statt österreichische Habsbörger! Weit haben wir es gebracht! Pfui Teufel!

Kommerzialrat Dipl. Ing. Dr. Ägidius NIEDERWINKLER, Pensionist in Ruhe, Wien

Hochgeschätzte Herren,
die Damen meiner Salzburger Préférence-Runde waren ebenso wie ich beglückt, dass Sie diese wunderbare alte Spezialität unseres wunderschönen Bundeslandes wiederholt in Ihrem gediegenen Werk erwähnt haben: die extrafeine Salzburger Bosna! Gerade in einer Zeit, in der immer mehr junge Leute gedankenlos veganes Gemüse in sich hineinstopfen, ist es wichtig, uralte heimische Würste hochzuhalten! Schon Kaiserin Sissi und Kronprinz Rudolf haben die Bosna mit majestätischer Freude verschlungen.
Nochmals Dank und herzliche Grüße,

Hortensie SANDHORST, Fleisch- und Wurstwarengroßhändlerin, Salzburg

Sehr geehrte Herren,
jeder macht einmal einen Fehler. Gut, Ihr Buch ist jetzt zwar draußen, aber wollen Sie nicht den angerichteten Schaden begrenzen? Wir helfen Ihnen dabei. Es wird keine weiteren Auflagen geben, wenn Sie uns vertrauen. Gegen einen kleinen Unkostenbeitrag vernichten wir Ihre Druckerfestplatten!
Liebe Grüße,

BLÜMCHEN & SHORTY
Schreddern is our Success!

Das soll ein Aufdeckungsbuch sein? Mir ist das doch wurscht, wie, wo und warum die Sachertorten erfunden worden ist, ich bin nämlich kein Mehlspeistiger. Mich interessierten mehr folgende Sachen zum Aufdecken: a) Warum waren die Amis nicht am Mond? b) Seit wann gibt es denn den Nazistützpunkt „Neuschwabenland" am Südpol? Und was das Wichtigste ist c) Wer hat das Ivica-Video in Auftrag gegeben? Ich glaube es war die Krowaten-Mafia.
Tschüss,

Kevin Seifenberger, geprüfter Wünschelrutengänger,
Deutschlandsberg

Ich vertrete die bekannte Kochbuchautorin Augustine Vytlacil-Dubois. Sie hat bereits 1967 ein Gulaschrezept veröffentlicht, das ebenfalls Paprika enthält. Sie haben mit Ihrem Rezept also das Urheberrecht verletzt. Sollten Sie binnen zwei Wochen nicht 25.000 Euro auf das untenstehende Konto überweisen, werden wir gerichtliche Schritte gegen Sie einleiten.
Mit freundlichen Grüßen,

Maga Cindy STECKWOSWEG-BLUNZENDORFER,
Rechtsanwältin

Lieber Herr Steinhauer, lieber Herr Schindlecker,
ich habe ja Ihre Bücher so wahnsinnig gern, weil ich ein großer Freund der Satire bin. Denn meine Partei und ich sind ja gelebte Satire! Ich verschenke auch immer wieder gerne Ihre lieben Werke. Zum Beispiel an den Herbert, der als Reimeschmied ja ein Kollege von Ihnen ist. Aber diesmal kann ich das leider nicht tun. Wegen des Filet Wellington. Mussten Sie das wirklich schreiben? Dass das Fleisch ursprünglich von einem Pferd stammte? Das kann ich dem Herbert nicht schenken. Das würde ihm das Herz brechen. Auch, wenn das Pferd ein ausländisches Pferd war. Bei Pferden macht der Herbert da keinen

Unterschied, er hat alle gleich lieb. Bitte schreiben Sie in Ihrem nächsten Buch nichts Grausliches mehr über Pferde, damit ich es dem Herbert schenken kann.
Mit ganz, ganz lieben Grüßen,

Norbert Gerwald ALDI, Hobbypilot, Pinkafeld

Erwin Steinhauer/Fritz Schindlecker

Wir sind super!²

Die österreichische Psycherl-Analyse

Die beiden „Austrologen" analysieren fachkundig
unsere alpinen Seelenlandschaften, werfen einen humorvoll-kritischen
Blick in die Bundesländer-Seelen und erklären uns unsere
liebsten Nachbarn.

208 Seiten
Hardcover mit Schutzumschlag
ISBN 978 3 8000 7711 3, € 21,95
Auch als E-Book erhältlich

Erwin Steinhauer/Fritz Schindlecker
Fröhliche Weihnachterl
Eine schöne Bescherung

In einfühlsamen Gedichten,
humorigen Kurzgeschichten und heiteren Mikro-Dramen wird von den
beiden Psycho-Austrologen jener Seelentrost gespendet, den wir alle
nach der Zeit der Advent-Einkehr am Punschstandl so
dringend benötigen.

192 Seiten
Mit 16 Seiten Sonderteil „Stille Nacht"
Hardcover mit Schutzumschlag und
Lesebändchen
ISBN 978 3 8000 7712 0, € 19,95
Auch als E-Book erhältlich